キリシタン歴史探求の現在と未来

川村信三◉編
キリスト教史学会◉監修

教文館

緒　言

本書は、二〇一九年九月一三日から一四日に上智大学を会場として開かれたキリスト教史学会第七〇回大会において、一日目午後に開催したシンポジウム「キリシタン研究の再考――過去・現在・未来」が元になっています。キリシタンをテーマとしたこのシンポジウムは、前年の二〇一八年に「長崎と天草地方の潜伏キリシタン関連遺産」が世界文化遺産として登録されたこと、また、イエズス会が経営する上智大学での開催が予定されていたことから、企画に至ったものです。学会の内外から第一線で活躍するキリシタン研究者の参加を得ました。本書序章にあるように、本学会はキリシタン研究の泰斗を中心に活動していた時期が長かったわけですので、大会の七〇回目を記念するにふさわしいシンポジウムとなりました。一日目の午前中に行われた自由論題のセッションでも、イエズス会、カトリック関連の発表がありました。

キリスト教史学会では、二〇一二年から、毎年ではありませんが、教文館のご理解を得て、大会シンポジウムの書籍化を行ってきました。『宣教師と日本人――明治キリスト教史における受容と変容』（二〇一二年）、『植民地化・デモクラシー・再臨運動――大正期キリスト教の諸相』（二〇一四年）、『戦時下のキリスト教――宗教団体法をめぐって』（二〇一五年）、『近代日本のキリスト教と女子教育』（二〇一六年）、『マックス・ヴェーバー「倫理」論文を読み解く』（二〇一八年）です。本書はこれらに次ぐ、六番目の出版です。このシリーズは学会で育まれ、公開される知を一般の方々に手に取りやすく、読みやすい形で提供したいという願いから企画されました。二〇一六年の出版からは、注もできるだけつけることで、議論の根拠を明示するとともに、関心を持たれた方が情報源に到達する可能性を高めることに留意してまいりました。また、今回から、「キリスト教史学会編」とするのではなく、編者の名前を明記することにいたしました。責任の所在と負われた労を明らかにするためです。学会はシンポジウムの企画をし、出版と広報を支援する役割を担っております。

本書を読まれて、長崎や天草にキリシタンの足跡を訪ねられるなら、その歴史の面白さが倍増することと思います。私も何度かこの地域に出かけたことがありますが、異文化接触の場として興味のつきない空間です。さらに、既刊の五冊も手に取っていただき、キリスト教の多様な歴史に触れていただくことを願っています。

二〇二一年三月

キリスト教史学会理事長　小檜山ルイ

キリシタン歴史探求の現在と未来

——

目次

目　次

装丁　熊谷博人

序章　キリシタン研究の過去・現在・未来

川村信三

はじめに

本書は、二〇一九年に上智大学を会場として開催されたキリスト教史学会大会における特別シンポジウム、「キリシタン研究の現状と展望を探る」という企画を出発点としている。その発端は、「昨今のキリシタン研究は停滞ぎみで、かつての盛況がない」という一部研究者の声について、それが事実かどうか検証する必要にかられたためである。そうした雰囲気が感覚的に漠然と認識されていたのは事実である。ここで問うべきは、キリシタン研究の「かつての盛況」と「現在の停滞」は事実かどうか、そして、今後は衰退する方向にむかって加速するのかということである。現在のキリシタン研究をめぐる環境は三〇年前とはあきらかに異なったステージにある。その実情も踏まえ、「キリシタン研究」に未来はあるのか、すなわち「キリシタン」は今後も学術的探求の課題として意味を持ち続けるのかを問いなおしてみたい。

一、過去のキリシタン研究史の概観

一六、一七世紀は「キリシタンの世紀」と海外で認知されるほど、キリスト教関連の史実が豊富であり、江戸幕府の禁教下の潜伏キリシタン、そして幕末・開国期にもキリスト教の足跡をたどる試みの蓄積は大きく、明治期以後には膨大なキリシタン研究史がある。その内容を詳細に検討することは本書の目的ではないが、研究史を概観するためには清水紘一氏が一九九九年にまとめた論稿[1]が大きな助けとなる。その「キリシタン研究の回顧と展望」と題する章で、キリシタン関係の学術研究を年代別に（1）江戸時代（前・中・後期）の状況、（2）戦前（明治大正・昭和前期）、（3）戦後（昭和中・昭和後—平成期）と大別し、それぞれの特徴的な研究成果が概観され、これまでの「キリシタン研究」の変遷を一瞥することが可能である。

清水氏の論稿以後、平成も過ぎ令和となった二〇年間、キリシタン研究者ばかりでなく、一般に学術研究の世界が激変した。その激変とは、インフォメーション・テクノロジーの急速の発展によってもたらされた。清水氏は先の概観の末尾に、今後の展望として、「二十一世紀の早い段階で如上の『公開』が実現され、多くの参加者がより多彩に研究を継続することが望まれる」と指摘している。一九九九年当時、パーソナルコンピューターの普及とともに、インターネットによる文書類の公開がそう遠くない将来に実現し、研究環境を大きく変えるであろうことが予想されてはいた。しかし、いつ、どの程度の規模でそれが達成されるかは未知数であった。ところが二〇年間でインターネットの「データベース」による史料の一般公開の技術が予想をはるかにこえて飛躍的にあがり、さらに、研究者が利用できる機器の発展も大きなものであった。記憶容量がメガからテラ、すなわち百万倍にひきあがり、単なる文字配列の画面が、動画にいたるまでの変化を可能とした。「情報量の規模」の増加が天文学的数字にまで高まることで実現するバーチャル空間の技術はさらに進化を遂げつつある。史実についての情報の蓄積、伝達を主な基礎作業として成立する歴史学での応用・発展は疑う余地もない。

そうした技術革新の波が現実に進行していたという事実を踏まえ、改めてキリシタン研究の現状を再考するために、少なくとも大戦後（一九四五年以後）の傾向をふりかえることとする。キリシタン研究において生じた変化の過程をみるために、『キリスト教史学』（第一三集までは『基督教史学』と表記）に掲載された「キリシタン」関連記事の、全体に対する比率を確かめてみることで、そのトレンドの変化がある程度可視化できる。

『キリスト教史学』は、一九四九年に発足した基督教史学会（一九六二年以後「キリスト教史学会」と表記）の学会誌として一九五一年創刊され、二〇二〇年までに七四集を数える。およそ一年に一回（初期には年二度の刊行あり）を原則に、特集、論文、研究ノート、書評等が掲載された。その

1　『キリシタン研究資料――復活期の「浦上資料」とキリシタン関係研究文献』一九九九年、一三七―一四七頁（第二部　研究文献と資料）。

総数三八二本のうち、キリシタン関係はおよそ二割にあたる七四本であった。別に示した「表」は、各号に占めるキリシタン研究の割合（記事の総数との比率）を示したものである。キリシタン研究の動向が『キリスト教史学』の掲載記事数で判断できるかどうかは疑問の余地もあろうが、「キリシタン」研究のトレンドを確認するには有効な手段であると考える。より詳細な傾向は、各年のキリシタン関連単行本の発行部数、キリシタン文化研究会発行の双書類、翻訳、『文化研究会誌』などの刊行状況も詳しく比較検討する必要があるだろうが、あえて、キリスト教史のなかの日本キリシタンの扱いをみるために、『キリスト教史学』のデータに限定して考察した。

（二）キリシタン研究の再開と「盛況」の準備

まず、「キリシタン研究」の割合をみてみると、学会創設当時は、明らかにキリシタン色が前面に押し出されていたようである。基督教史学会の初期会員の多くが日本キリスト教史に関心をもつ人々であったという事実が確認できる。学会の初代理事長はキリシタン研究の泰斗、海老沢有道氏であったことも、わが国のキリスト教史学において、「キリシタン研究」が重視されていたことをうかがわせる。学会の発足した一九四九年は、フランシスコ・ザビエル渡来四〇〇周年にあたり、連合国軍最高司令官総司令部の支援のもとに「ザビエル渡来記念行事」が各地で開催され、全国的に「キリシタン」が脚光を浴びた。また、姉崎正治、村上直次郎らを中心として発足した「キリシタン文化研究会」（一九三九年発足）が一九五三年に再開されたことも重要であろう。また、和辻哲郎の『鎖国

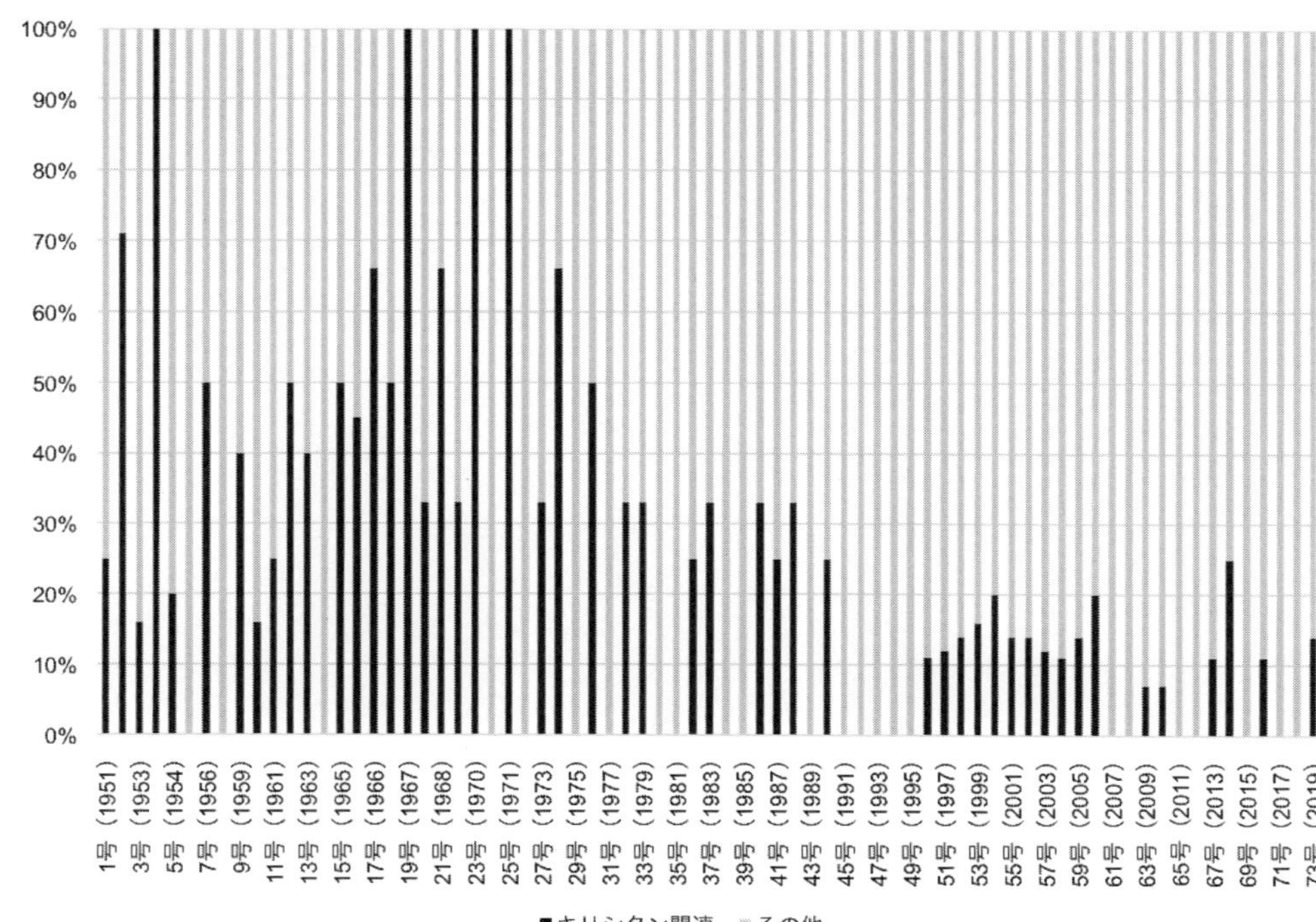
『キリスト教史学』（『基督教史学』）キリシタン研究の割合
100%
90%
80%
70%
60%
50%
40%
30%
20%
10%
0%
1号（1951）
3号（1953）
5号（1954）
7号（1956）
9号（1959）
11号（1961）
13号（1963）
15号（1965）
17号（1966）
19号（1967）
21号（1968）
23号（1970）
25号（1971）
27号（1973）
29号（1975）
31号（1977）
33号（1979）
35号（1981）
37号（1983）
39号（1985）
41号（1987）
43号（1989）
45号（1991）
47号（1993）
49号（1995）
51号（1997）
53号（1999）
55号（2001）
57号（2003）
59号（2005）
61号（2007）
63号（2009）
65号（2011）
67号（2013）
69号（2015）
71号（2017）
73号（2019）
■キリシタン関連　■その他

——日本の悲劇』[2]が出版された一九五〇年には、一般読書人の間にも「キリシタン」への注目が喚起されたといえる。研究者のみならず一般の読者の間でも、キリシタンを取り上げる傾向は、大正時代の文人たちによる異国情緒の「彩」にあこがれた「キリシタンブーム」とは一線を画していたといえる。

(二) 一九七〇年代半ばのピーク

学術的「キリシタン研究」と一般読書人の「キリシタンへの関心」は並行現象として一九七五年頃まで続く。『キリスト教史学』の記事では、ひとつの号の全編がキリシタン研究で占められた年と、まったく取り上げられない年がほぼ交互に続き、平均するとキリシタン研究の全体に占める割合は五割にのぼった。おそらくキリシタンについての発表や投稿が主流を占め全編キリシタン研究関連記事となった次の年は、学会内の研究発表のバランス上、キリシタン以外を強いてとりあげるというような忖度がはたらいたのではないだろうか。

一九七五年頃までのおよそ二〇年間は、まさに「盛況」という特徴が当てはまる。戦前から活動していた研究者らが「キリシタン史料」の発掘に邁進していたのもこの時期であり、そのピークは一九六五年頃から七三年頃に顕著である。姉崎正治、村上直次郎、海老沢有道の諸氏の貢献はなお甚大で、キリシタン事物の「新発見」や「新史料紹介」が矢継ぎ早になされた時期でもあった。さらには、ローマのイエズス会古文書館の原史料公開が次第に行われたことが、史料研究にとって重要な推進力となっている。『中国・日本関連文書』（通称 Jap. Sin 文書）については、ヨゼフ・シュッテ神父や松田毅一氏らの尽力により、日本人研究者のローマ・イエズス会古文書館へのアクセスを容易にした。『中国・日本関連文書』がいち早く目録化され、さらに、マイクロフィルムからデジタル画像処理へと急速に移行した大きな理由として、日本人研究者の日本関係文書の閲覧が他地域の史料群に比して格段に多かったためだと古文書館の担当者から直接聞いたことがある。キリシタン研究にとって欠くことのできない宣教師の欧文原史料に基づく研究ではヨゼフ・シュッテ神父、フーベルト・チースリク神父、アルバレス・タラドリス氏、松田毅一氏、ディエゴ・パチェコ神父、高瀬弘一郎氏、岸野久氏らの先駆的業績によって、多くの研究者が恩恵をこうむった。この間、東京大学史料編纂所は諸外国の文書館史料の復刻と翻訳を『大日本史料』編纂のなか（天正遣欧使節関連・慶長使節関連など）で継続していたことも史料研究の分野の大きな特徴である。

研究者らの傾向と歩調を合わせるかのように、一九七〇年代には、一般読者のなかばかりでなく、全国的なキリシタンブームのような広がりが見られた。フロイスの『日本史』の邦訳[3]が世に出たことにより、日ごろキリシタンに無関心な一般読者やメディアの視聴者がよりいっそうこの分野に目をむけるようになった。キリシタン時代の一次史料の邦訳作業が戦前から着実に積み重ねられていたこ

2　和辻哲郎『鎖国――日本の悲劇』筑摩書房、一九五〇年（のち上下巻で岩波文庫、一九八二年）。

3　柳谷武夫訳『日本史――キリシタン伝来のころ』全五巻、平凡社、一九六三―七〇年。松田毅一・川崎桃太訳『フロイス　日本史』全一二巻、中央公論社、一九七七―八〇年。

とも、世間一般のキリシタンへの関心を巻き起こす原動力であったといえる。

学術研究と並行するように、一般の「キリシタンへの関心」も急速に高まっていた。『沈黙』以後、カトリック作家として日本を代表する遠藤周作がキリシタンを題材とした小説を発表し続けたことから、戦国から安土桃山、そして江戸幕府初期の日本史の主流のなかでも、「キリシタン」は無視することのできない重要ファクターとして認識されるようになっていた。こうした傾向から、日本放送協会の大河ドラマ『黄金の日日』(一九七八年)など、戦国期を扱う際には「キリシタン」の描写が際立つようになり、南蛮文化、キリスト教史への世間一般の関心を示していた。「かつて盛んであった」の「かつて」は、学術研究ばかりでなく、一般読書人、メディアの反響という面も含んだうえで、一九七五年をピークとする時期と考えてまちがいはなさそうである。

(三) 一九九〇年代以後――新たな発見、史料発掘の困難な時期

一九七五年から一九九〇年代までは、ピークの余波からか、『キリスト教史学』のキリシタン関連記事は三割前後で推移する。相変わらずその「盛況」は続くかのように見える時期であるが、この頃になると、キリシタン研究にとってはっきりとした新たな傾向が目立つようになった。それまで活発であった「新史実の発見」「新史料の発掘」という傾向が縮小し、キリシタン史関連で、これまで誰も知らなかった事実がつけ加わるという状況がほとんど見られなくなったのである。もはや、キリシタン研究には目新しいものは何もないかのような印象が次第に芽生えていたと考えられる。このあた

りに大きな研究史上の転換点を指摘することができる。

先のインフォメーション・テクノロジー革命が着実に進展していた時期、皮肉なことではあるが、研究機器や史料公開の劇的な進展とは裏腹に、数字はあきらかに「キリシタン研究」関連の諸論文・単行本の減少傾向を示し、「停滞」と言われても不思議ではない状況を示している。『キリスト教史学』でいえば、毎号着実に研究業績を公表され地道な研究の継続を示された研究者はいるものの、数的には、「かつての盛況」とはほど遠い印象をあたえる結果となっている。

一九九九年、フランシスコ・ザビエル渡来四五〇年が様々な形で記念された年、キリスト教史学でも特集が組まれ、キリシタン研究への刺激となったが、世間一般にブームを巻き起こすほどの変化をもたらすにはいたらなかった。二〇〇六年、ザビエル生誕五〇〇年でも大きな行事がいくつか計画されていたが、その後は、キリスト教史学会でのキリシタン研究の割合はやはり減少傾向となっている。キリスト教史学会の運営方針が、より一般のキリスト教史へ大きく舵をきったという事情もあるだろうが、キリシタン研究についていえば「今は下火」といわれても無理からぬ状況が認められる。

キリシタン関連史料がほぼ出尽くしたような状況は、この分野で新たに研究に取り組もうとする若手のあいだに大きな壁として立ちはだかり、テーマ設定にも大きな困難をつきつけた時期であるように思う。「新しい史料」を発掘して、その事実を紹介するという、これまでもっぱらキリシタン研究の主流であった方法がある意味で継続困難となる事態が生じていた。

一九九〇年代初頭に「キリシタン研究」に着手した筆者としても、キリシタン研究に新たな「切り口」をみいだせるような「テーマ選び」が最大の難題として立ちはだかり、行き詰まりさえ感じる日々を過ごしていた。そうした中、アメリカ合衆国で博士論文を準備していた筆者は、一九八〇年代からイタリア地方史の「鞭打ち集団」（flagellanti）研究に始まり、アメリカ合衆国の歴史学会でブームとなりつつあった「信徒信心会」（コンフラテルニタス）研究に遭遇した。これまで教会の上層部（教皇・公会議・修道院・神学論争）が主流であった教会史学に「民衆」という観点がはじめてつけ加えられつつあった。欧米学会の傾向は社会史における「下からの視点」の重視というトレンドであることが読み取れた。

その結果、多少無謀にも思えたが、イタリアの民衆組織と日本のキリシタンを連続的にとらえる発想を得ることができ、イタリアの「兄弟会」（コンフラテルニタス）を起源とする日本の「信徒共同体」（ミゼリコルディア）をテーマとしたことで道が開かれた。それまで日本のキリシタン研究において「コンフラリヤ」という言葉は知られてはいたが、その内実がヨーロッパの起源に遡って説明されたことはなかった。慈善事業の観点から海老沢有道氏が扱った以外にはほとんど手つかずの状態であった。結果的に、信徒共同体を中心にキリシタン史を再構成する試みから、「信徒の組織力とネットワーク」というキリシタン特有の組織論がキリシタン理解の要であるとの仮説を提示することができた。さらには日本の既存宗教共同体組織論との比較にも新たな観点を加える道が開けた[4]。

二〇〇〇年前後にキリシタン研究を開始した筆者が新たに発掘した史料は何もない。すべては過去の諸先輩方の業績に依拠しているものばかりである。しかし、既知の史料のなかに、従来とは別角度の分析要素を加えた結果、新しい言及が可能であることをみいだした次第である。これは一例にすぎないが、同時期に研究者としての歩みをはじめた人びとの多くが共通の悩みをかかえていたにちがいない。その解決は、「キリシタン研究」の学際的研究領域における「分析」と「解釈」に邁進することによってしかみいだせなかったように思う。

（四）あらたなステージに入った「キリシタン研究」

二〇〇〇年代以後、新進の研究者たちは、すでに知られた「史料」につき、「分析」や「解釈」を加えるため、一つのテーマをより学際的、総合的に扱う課題に取り組んできた。たとえば、民衆の信仰心に言及するにも、ヨーロッパにおけるカテキズムの成立史や後期スコラの神学的知識は無視できない。「信徒信心会」を扱うにも、ヨーロッパ中世に関する社会史分析の応用が必要となってくる。つまり、新しいステージの研究者は、アナール学派の提唱する「新しい歴史学」や「ミクロ・ストリア」「生活史」などの影響をうけ、前提とすべき多岐にわたる課題を考慮せざるを得なくなった。考古学、民俗学、宗教学、統計学、社会学などの学際的知識が前提として求められる歴史学自体が変化している時に、日本のキリシタン史のみがその枠外にいて存続できるはずもない。従来は、一つの専門分野を狭くともより深く掘るような努力が必要とされたが、今では、より広く掘りだすことで、その深さをましていく時代となっているようである。主専攻ばかりでなく副専攻が重要視されだしたの

4　川村信三『キリシタン信徒組織の誕生と変容――「コンフラリヤ」から「こんふらりや」へ』教文館、二〇〇三年。

もごく最近のことである。

このように見てくると、キリシタン史で過去にとりあげられたが、これからより一層の分析と解釈を加えるべき課題は少なくないことがわかる。従来のキリシタン研究論文のなかには、史料としての「アーティファクト」の表面上の紹介に終わってしまっているものも少なからず散見される。それがどのようなコンテキストで何を目的に残されたかの言及がまたれているような状況のものも多い。

例えば、筆者が直接取り上げた史料についていえば、潜伏キリシタンの史料として『こんちりさんのりやく』（一六世紀末）を例にとると、その背景や根底に横たわるカトリック神学の秘跡論や教会論の問題は、二五〇年間潜伏を貫いた浦上キリシタンの本質を理解するうえで欠くことのできない要素（すなわち「ゆるしの秘跡」にまつわるカトリック神学の知識の理解）を提供する。『こんちりさんのりやく』の成立過程と目的、そして実際の使用状況の背後にあった「神学的意図」を理解しないかぎり、あの長崎大浦天主堂における「信徒発見」の驚くべき出来事の真意は理解できない。

また、一九二〇年代にバチカン図書館バルベリーニ文庫で発見された『教皇パウロ五世宛日本信徒の奉答書』（有馬、長崎、中国・四国、都、奥羽の五つの信徒文書）の内容を理解するためには、一六二〇年代の日本とバチカン双方向からのコンテキストの考察が必要となってくる。それらは「史料」として実物を提示するだけではすまされない奥行をもつものである。そうした論じ残された課題は、まだまだ山のように存在する。

キリシタン研究にとって、新史実の発見、新史料の発掘などで盛り上がりをみせた「かつて」の華やかさ、何がでてくるかわからないワクワク感が減少したのは確かである。しかし、やるべき作業は地味であり、世間一般の耳目をあつめることは稀で話題になりにくいかもしれないが、キリシタン研究にとって重要な「分析」と「解釈」の作業は確実に残されている。多くのキリシタン研究者たちは、研究の「質的転換」作業の途上にある。これが「キリシタン研究」の過去と現在の比較から得られた現状分析である。

二、現在のキリシタン研究の特徴

現在、キリシタン史に実際に携わる研究者たちは具体的にどのような展望をもっているのだろうか。ここではシンポジウムに登壇された現在のキリシタン研究第一人者らの取り組みからその傾向を確かめたい。

日本史分野とキリシタンの関連で著作が多く、とくに豊後キリシタンについて造詣の深い村井早苗氏の考察には、つねに日本史のなかの「キリシタン」の位置づけと解釈が示されてきた。キリシタン史の概説が少ない現状を指摘されながら、それでも「鎖国」という枠組みのなかで語られてきた「キリシタン」についての「視点の問題」を今後の展望として示されたことは重要である。具体的には、「イベリア・インパクト」とも呼びうる諸外国との関連をみつめ、アレッサンドロ・ヴァリニャーノやマテオ・リッチなどの宣教師たちの視点の問題に注目しながらキリシタン史を語っていくことの重要性が指摘された。「鎖国」を悲劇というとらえ方の是非、「絵踏み」の問題等、幕府と長崎奉行の関係の考察なども一般日本史との関連から重要なテーマになりうる。村井氏の提言から、これまでのキリシタン研究が、日本史の中にあって何かまったく孤立した特殊分野であったかのような扱いを改められ、一般日本史との関連をよりいっそう強く意識することが必須事項だと改めて気づかされた。

浅見雅一氏のテーマは、これまでキリシタン研究者らが難問として敬遠しがちであった「思想史」の分野に属する。思想史考察は、史料の表面だけではなく、その背後にある深層への切り込みなくして真意を語り尽くせない難解な作業である。浅見氏は、これまで取り組まれてきた宣教師の「良心問題」探究の中で、ヨーロッパやインド（ゴア）などとはまったく異なった文化背景をもつ日本へのキリスト教の移入の問題をテーマ化された。「良心問題」（通常の倫理規範には土着的文化の適応状況によっては例外規定がゆるされるかとの問題）は、イエズス会宣教師の倫理に関する具体的な試行錯誤の結果であった。日本宣教地では往々にしてヨーロッパ宣教師たちの「常識」的規範は使えないことが多く、その例外をいかに合理化できるかという問いは「適応」の要である。日本の宗教行事に日本人キリシタンはどの程度参加をゆるされるのか、ゆるされないのか。「人身売買」「奴隷」などの具体的な問題において、倫理基準は宣教地での特異な状況で例外規定を適用できるのかどうかといった難問が投げかけられ、この分野での多くの考察課題が残されていることが示された。

「潜伏キリシタン」研究の第一人者である大橋幸泰氏は、先の村井氏と同様、一般日本史の中でのキリシタンの存在に焦点をあて、日本の民衆の立場の考察を主眼においた研究を続けてこられた。キリシタン信徒は禁教令下の日本社会のなかで全く孤立して存在したわけではない。周辺の村落民となんらかの関係を保ちつつ生存していたことは疑いもない。そうしたキリシタンのリアリティを重視しながら、新たな分析手段としての「属性論」を考察される。潜伏していたキリシタンは、他の村民と共に暮らし、埋葬地なども共有した。一方、村民は潜伏キリシタンの存在にまったく気づいていなかったわけではない。そこには共存の痕跡が残された。その結果、各地に残る遺物史料（墓石）などの調査から、村落内での信徒の実像を明らかにする可能性という重要な課題も示された。「属性論」を考察する意義は、一個人も、集団も、一つの属性のみで完結してはいないという事実に気づくことである。一つの視点のみで語れないということである。キリシタンは、非キリシタン、仏教諸派とともに、一つの「村」の視点からすれば、おなじ「村人」という属性をもち、「潜伏キリシタン」一個別でとらえるより、多様な要素を語ることが必要となる。その証拠に遺物史料としての墓石の調査をすすめると、仏教式墓石と野石式墓石（キリシタンのものとさえることが多い）の混在が同じ一つの墓所にみられる。つまり村人はそのことを了解したうえで共存していたという証拠である。江戸中期もすぎたころから、キリシタン問題は「異宗」問題（禁制キリシタンとしてではなく、異質な宗教習慣としての認知）として扱われることが多くなっていく。また、浦上村山里などは一般の近世村落とは変わりない姿であるが、キリシタンとして存続したのも属性の混在の問題から研究すべきことが指摘された。つまり、近世的共存関係をより一層突き詰めることで、潜伏キリシタンの実像に迫れる未開拓の分野が存在するということである。

天理大学の東馬場郁生氏は、新しく「キリシタン」を日本史や宗教学のなかで位置づける作業と格闘されてきた研究者である。キリシタンを「民衆の受容」という側面から追求され、宗教史、社会史、受容史、民衆史、女性史などの観点から新しい光の当て方があるのではないかと指摘されている。また、新しい史料発見も重要であるが、これまでに知られている史料の再吟味を徹底する必要性にも言及された。また、村井氏や大橋氏同様、日本史の中のキリシタン史をより一層語ることが重要であるという点をあげられ、そのためには、原史料にまだまだ解読の余地があること、とくにイエズス会、フランシスコ会、ドミニコ会文書の研究には多くの課題が残されているとの提言には目を開かれる。たしかに、これまでのキリシタン研究の主流はイエズス会関係史料であったため、托鉢修道会系の史実が見えにくくなっているのは事実である。また、新しい史料の発見と解読のための「発掘」に期待することで、史料重視のゆるぎない立場を継続することの重要性にも触れられた。そのうえで、宗教史、社会史、受容史、民衆史、女性史などの学際的な分野で最近目覚ましい成果をあげている諸学との連携や、グローバルな視点からのキリシタン考察に新しい光を当てることの重要性を指摘されている。

キリシタン研究が、世間一般の耳目を集め、ブームを形成するというような「かつて」の盛況は今後再び実現することはないかもしれない。しかし、キリシタンについての学術研究に残された課題は少なくない。そうした意味で、「キリシタン研究に未来はある」とシンポジウム登壇の諸氏は異口同音に証言された。

おわりに

「キリシタン研究はかつて盛んであり、今は下火となった」。たしかに数的にはそう言える。しかし、それでもこの研究分野には「未来」があると確信する。今後の課題は、日本史という枠を越えて、アジア文化圏全体におけるキリスト教史の一側面としての探究、ヨーロッパ史との関連のさらなる見つめなおし、紹介されすでに知られている史料においても、その背景、内容、意義の徹底した考察などをあげることができるだろう。歴史学のみでは解決できない問題も多々ある。考古学、統計学、史料の「モノ」としての最新鋭機器を用いた分析調査など、連携すべき分野は枚挙にいとまがない。これまで敬遠されがちであった難題としての「思想史」の分野でも、キリシタン研究がさらに充実することを期するのみである。

新しいステージの兆候は、中国や韓国、ヨーロッパやアメリカ合衆国、中南米地域において、「日本のキリスト教史」に関心をもつ若手研究者が多数育ってきたことである。その証拠として「キリスト教と日本」といったテーマの国際シンポジウムなどが頻繁に開催されている事実がある。諸外国における関連研究書の発行も確実に増えている。「キリスト教とアジア」という課題に興味をもち続けている研究者たちが、これまで日本になかった別の活気をつけくわえている。日本史としてのキリシタンは、グローバルヒストリーの重要項目としての位置づけを示しつつある事実も忘れないでおきたい。

第一章　きりしたん研究の歴史観的転回と受容史構築への見通し

東馬場郁生

はじめに

きりしたん史の研究の進展に何が寄与するかを考えると、それは大きく分けて新史料の発見と既存史料の新しい読み方であろう。この二点のうち、とくに史料の新しい読み方、光の当て方について考えたい。それは、きりしたんに関して、どの領域の研究のために、何をどう読み、どう語るかについてである。本稿では、これまでのきりしたん研究における史料とその読み方を確認し、その批判を通して、現在と未来のきりしたん研究を見通したい。内容的には歴史観に関することがらで、きりしたん研究の方法論である。

本稿では、引用等を除き「きりしたん」の表記を用いる。これは、Kirishitan とは日本語の信仰世界ととらえる筆者の立場に基づく。ただし、立場の異なる研究者が「キリシタン」と表記するところを「きりしたん」としては、勝手に意味を投影してしまうことになるので、その場合はキリシタンを用いる。中立的文脈ないしは筆者の立場からの記述に限りひらがな表記にするので、本文中では二つの表記が混在し読みづらくなると思うが、Kirishitanとは何かという大きな問題提起も込めた試みであることからご理解を願いたい。

以下においては、まず、伝統的なきりしたん研究について、研究領域と一次史料の扱いについて批判的に検討する。次に、今後のきりしたん研究の展望を記し、最後に将来の発展が期待される分野の一つとして、きりしたん受容者の研究を提唱する。なお本稿の前半では、とくに高瀬弘一郎の主要著書である『キリシタン時代の研究』に言及する部分が多い。この書は四〇年以上前の一九七七年に出版され、二年後に日本学士院賞を受賞した名著であることはよく知られている。今日、宣教師の政治経済活動を論じた古典と位置付けられ、依然、強い影響力を持つ書であるがゆえに、今後のきりしたん研究を筆者なりに考えるため敢えて浅学を顧みず批判を試みたい。

一、きりしたん研究の伝統的アプローチ

（一）研究領域

最初に、従来のきりしたん研究の特徴を概観したい。長年きりしたん研究を牽引してきた五野井隆史は、二〇〇〇年に「キリシタン史研究の現状と編纂史料について」と題して講演した折に、日本史研究におけるキリシタン史の役割として政治史、経済史、布教史、キリシタン版を含む国語史料の翻

刻、地方キリシタン史等に分類した。さらに、「最近の傾向の一つとして」、信心会に関する研究の高まり、文献史料から離れた「かくれキリシタン」の研究があると指摘した。[1] ここでは五野井による分類をさらに大きくまとめて、広く宣教や信仰に関する活動を描く教会史と、宣教や信仰以外の活動を描く政治経済史に分けて考えてみたい。

教会史のなかで、もっとも伝統的な研究領域として偉人の歴史がある。F・ザビエル（Francisco Xavier）やA・ヴァリニャーノ（Alessandro Valignano）ら偉大な宣教師の思考と行動、彼らと当時の国内の権力者との接触交渉、さらにはその拡大領域としての当時のイエズス会の活動である。これらの研究は海外の教会史家等による業績がとくに豊富であるが、中でもシュールハンマー、シュッテ、ヴィッキらのイエズス会史家やアルバレス‐タラドリスらによる膨大な一次資料の翻刻と解題・解説は極めて重厚で、今日でも不可欠の参考資料である。[2] 偉人の研究にきりしたん大名ら日本人の偉人

1　五野井隆史「序　キリシタン史研究の現状――欧文資料による研究を中心に」『日本キリシタン史の研究』（吉川弘文館、二〇〇二年）一―二一頁。二〇〇〇年前後は、信心会やかくれきりしたん等の信徒集団に関する優れた研究の出版が続いた。たとえば、宮崎健太郎『カクレキリシタンの信仰世界』（東京大学出版会、一九九六年）、大橋幸泰『キリシタン民衆史の研究』（東京堂出版、二〇〇二年）、川村信三『キリシタン信徒組織の誕生と変容――「コンフラリヤ」から「こんふらりや」へ』（教文館、二〇〇三年）。

2　彼らの業績はよく知られているが、改めて代表的な作品を選ぶと、Georg Schurhammer, S.J., *Franz Xaver: Sein Leben und Seine Zeit* 1-2 (1) (2) (3) (Freiburg, Herder, 1955–73); Josef Franz Schütte, S.J.,*Valignanos Missionsgrundsätze für Japan* 1-2 (Rome: Storia e Letteratura, 1951–58); Iosephus Wicki, *Epistolae S. Francisci Xaverii* (Monumenta historica Societatis Iesu, v67–68; Monumenta missionum Societatis Iesu, v1-2, 1944–45);

や著名な信徒も含めると、彼らに関する著作は教養本の類いを含め日本語でも大変多い。「きりしたん」がその本質的意味において、日本におけるカトリック教会の信仰に関することがらである以上、その信仰と、それを可能にした布教伝道に関する教会史が中心になるのは当然である。ただし、偉大な宣教師や偉大な日本人信徒の思想と行動だけが、きりしたんの世界を形作っていたわけではない。これは「きりしたん」とは誰を指すかという根本的な問いとして、本稿の後半で改めて検討したい。

教会史という点では、「きりしたん版」の研究も当然それに含まれる。ただし、きりしたん版の研究はこれまで影印版を含む翻刻とともに行われる書誌学・文献学的な研究、あるいは国語史的な分析、分類が主流であり、[3]きりしたん版の中味、とくに教理書や信心書に語られるメッセージの内容を直接研究対象にしたものが少ないのは残念である。この背景として、きりしたん版の内容を掘り下げ論じることは、教会史家と、いわゆる世俗研究者の双方に躊躇があったのでないかと感じる。教会史家の場合、辞書類や日本語学習用のものを除くと、きりしたん版は基本的に翻訳書であることから、それを敢えて検討する必要を感じにくくとも不思議ではなく、また、世俗研究者の場合は、キリスト教の神学的内容は論じにくいと感じている場合が多いのかもしれない。[4]

きりしたん研究において偉人研究の次に多いのが、五野井の分類にも含められた、信仰とは直接関係のない、政治、経済、貿易の活動の歴史である。明確な線引きは難しいが、世俗の研究者による研究はこの分野が多いのではないだろうか。他に、修道会間の布教をめぐる対立や、修道会内における出身国の異なる宣教師の間の軋轢や意見の不一致などが好んで描かれるようだ。これらは、「きりしたん」を信仰的な領域だけではなく、一六世紀中葉以降の約一世紀の間に日本に関連して生じたヨー

Documenta Indica, pts1-9 (Monumenta historica Societatis Iesu, 1948-); José Luis Alvarez-Taladriz, *Sumario de las Cosas de Japón* (Sophia, 1954); *Adiciones del Sumario de Japón* (Sophia, 1954)。このうちシュールハンマーやシュッテの著作はいずれも英訳されて、今日、ザビエルとヴァリニャーノの基本的研究書として参照されている。日本語では、河野純徳訳『聖フランシスコ・ザビエル全書簡』東洋文庫五七九―五八二（平凡社、一九九四年）、松田毅一他訳『日本巡察記』東洋文庫二二九（平凡社、一九七三年）他。

3　最近の出版の一例をあげると、『ひですの経』（翻刻）（折井善果編、教文館、二〇一一年）、『ひですの経』（影印）（折井善果他編、八木書店、二〇一一年）、『ドチリーナ・キリシタン』（影印、天草版〔一五九二年〕）（東洋文庫監修、勉誠出版、二〇一四年）、『エソポのハブラス』（翻刻）（来田隆編、清文堂出版、二〇一七年）、『日葡辞書』（影印）（勉誠出版、二〇一三年）、『日葡辞書』（影印）（白井純他編、八木書店、二〇二〇年）。また、きりしたん版ではないが、きりしたん研究に重要な印刷本の印影版や翻刻もある、たとえば『コリャード懺悔録』（影印、翻刻・解題、ポルトガル語訳）、（日埜博司編著、八木書店、二〇一六年）。

海外ではヴァリニャーノの*CATECHISMUS CHRISTINAE FIDEI*（「日本のカテキズモ」）がオリジナル本の影印にポルトガル語による翻訳と紹介が付されて出版されている（*CATECISMO DA FÉ CRISTÃ* [trans. and intro. by António Guimarães Pinto and José Miguel Pinto dos Santos. Lisboa: Centro Científico e Cultural de Macau, I.P., 2017]）。

国語学の研究として、かつて詳細な分類によるきりしたん版の総索引も出版された（小島幸枝編『どちりなきりしたん総索引』〔風間書房、一九七一年〕、近藤政美編『こんてむつすむん地総索引』〔笠間書院、一九七七年〕他）。

4　「きりしたん版」から射程を広げて、きりしたんの教理や思想までを含むならば、近年の出版で注目されるものに、浅見雅一『キリシタン時代の偶像崇拝』（東京大学出版会、二〇〇九年）、末木文美士編『妙貞問答を読む――ハビアンの仏教批判』（法蔵館、二〇一四年）とその英語姉妹版、James Baskind et al eds., *The Myōtei Dialogues: A Japanese Christian Critique of Native Traditions* (Brill, 2015)、さらに齋藤晃『宣教と受容――グローバルミッションの近世』（名古屋大学出版会、二〇二〇年）がある。興味深いのは、このうちで英文の*The Myōtei Dialogues* が西洋の日本研究者による仏教、儒教、神道の思想を踏まえての「妙貞問答」の翻訳と解説であるのに対し、『宣教と受容』は逆に一名を除くすべての寄稿者が日本人研究者で、欧文文献を多く参照し、西洋からの宣教の視点から適応について論じていることである。いずれの場合も、神学（教学）面を掘り下げた優れた分析と論考となっている。

ロッパ人と日本人との交渉の領域まで最広義にとらえたときの概念であろう。この分野の研究は、「きりしたん」とは何かという本稿全体の主張に関し重要な位置づけになることから、ここで問題提起とともに少し詳細に立ち入りたい。

（二）聖と俗の対比と評価的記述

今日まで、宣教師の政治経済活動に関する研究で最も影響力のあるのは、高瀬弘一郎による一連の著作であることは誰もが認めるであろう。彼の主要著作である『キリシタン時代の研究』の影響は、今日においても顕著である。[5] そこで『キリシタン時代の研究』をもとに、これまで高瀬の研究を導いた視座を確認しておきたい。

彼は宣教師の政治活動、とくに、ポルトガルとスペインの間の対立について知ることの意義を次のように述べている。

> 日本をめぐる両国の対立抗争は、ただ日本におけるカトリック布教の繁栄と成功だけを願う立場からみれば、著しくそれを阻害するものであったと言わなければならないが、しかし反面そのような論争を通して、はじめてこの当時のカトリック宣教師が持っていた祖国意識なり征服事業についての考え方なりが鮮明になり、延いてはキリシタン布教事業の性格を解明する手がかりがえられるということも出来よう。[6]（傍線筆者）

ここで注目したいのは、まず、分析上宣教師の政治活動が宣教活動から区別され両者は対比的に意味づけられていること、次に、政治活動に関する記述でありながら、「延いてはキリシタン布教事業の性格を解明する手がかりがえられる」とあるように、政治活動によって宣教活動が評価されていることである。これと同様の評価的対比は直後にも繰り返される。

宣教師達の宗教的情熱には強く心打たれ貴いものに思われるが、反面その同じ宣教師が、日本はポルトガルなりスペインなりの征服に属する——言換えれば日本を征服し、そこを統治し、交易を行い、キリスト教への改宗を進めるのはポルトガルなりスペインなりの権限に属することである、というような観念をもっていたことは、現実にポルトガル又はスペインによって日本の武力征服が行われる可能性の有無にかかわらず、見のがすことの出来ない重大な点であ（る）。[7]（傍線筆者）

このような宣教師による宣教と政治経済的行為の対比的な記述は、高瀬の『キリシタン時代の研

5　一例として、高橋裕史『戦国日本のキリシタン布教論争』（勉誠出版、二〇一九年）がある。
6　高瀬『キリシタン時代の研究』六頁。
7　高瀬『キリシタン時代の研究』六―七頁。

究』において繰り返される。イエズス会が托鉢修道会の来日に反対する理由についても、宣教的理由として、ヴァリニャーノの「日本諸事要録」(*SUMARIO de las cosas de Japón*)に準拠して「統一した布教方針の下に布教を進めることが出来なくなり弊害をきたす、という布教上の問題」を上げる一方で、経済的な理由として、イエズス会士であり府内司教であったL・セルケイラ(Luis de Cerqueira)の書簡に基づき「彼等の渡来は日本とフィリピンの間に貿易を開くことになり、経済的に日本貿易に依存することの大きいポルトガル領マカオに甚大な打撃を与えることになる、という点が強調された」と追加する。[8] 同じ「宣教師」でありながら、宣教的理由と経済的理由が存在することを述べている。

宣教的立場と政治経済的立場を対立的に描くのみならず、宣教師の政治経済活動を根拠にして彼らにとって本来の活動であったはずの宣教活動を評価する——それは『キリシタン時代の研究』の一貫した視点のようだ。イエズス会の政治経済活動が「イエズス会内部の精神的頽廃を招いた」(六八頁)ないしは同様の主張が、少なくとも四つの章の結びにおいて結論の一部としてなされている。[9] それは、宣教師の活動は信仰的で美しく描かれているが、その「本質的性格」(一六四頁)はこうだ、という主張である。

しかし、本来、宗教的事象である「きりしたん」(史)であっても、それが人間の営みである以上、政治、経済、文化、など他の活動を別の側面として有するのは当然であろう。宣教師の活動のうちでは従属的側面である非宗教的活動に焦点をあて、宣教師の活動の意味の全てをそこに落とし込み説明するのは、宗教的な独自性を棄無する可能性さえを孕むことにならないだろうか。そこに宗教の世俗的還元の危険はないだろうか。日本に限らず、世界に宣教に出向いたイエズス会士の最終的な目的は、貿易ではなく、数学や天文学を教えることや現地の言葉や習慣を学ぶことではなく、ローマカトリック教会の教えを説き、秘跡を施してすべての人間を救うことではなかったか。その目的は宗教的伝道であり、そのための手段として様々な他の活動を行った。その意味で彼らの活動の本質的性格は宗教的であったはずである。

二、史料の所在――原史料、翻刻、翻訳

（一）原文手書き史料の重視

伝統的歴史記述は文書史料に基づいており、これまでのきりしたん研究もおおむね文書史料によるものである。きりしたん研究の当初より、文書の発見、翻刻・校注などの書誌学、文献学的な基礎研究と、それに基づく翻訳の出版が長年積み重ねられてきた。そして、イエズス会アーカイヴJap.Sin文書の公開による史料域の大幅な拡大があり、「十分すぎるほどの原史料がまだ殆ど活用されずに眠っている」[10]との見解がなされている。

8　高瀬『キリシタン時代の研究』二六―二七頁。
9　『キリシタン時代の研究』第一部第二章（六八―七〇頁）、第一部第三章（一六四―一六五頁）、第二部第一章（二二〇―二二二頁）、第二部第九章（六三五頁）。
10　五野井『日本キリシタン史の研究』二一頁。

きりしたん研究全般において、今日もこのアーカイヴの原文手書き史料を重視する姿勢は顕著で、イエズス会アーカイヴの欧文手書き文書を読まなければ、きりしたん研究ではないかのような風潮がある。また、このアーカイヴの紹介によって、きりしたん史料群のなかで、アーカイヴを中心ないし基礎として史料相互の位置関係ができ、未出版の手書き史料を第一次資料とし、それまで最もオリジナル的であった印刷史料は、二次的資料という扱いになった。

翻訳物は、その原本が手書き文書であれ出版物であれ、同じく二次資料扱いであろう。[11] もっとも、翻訳書にはすでに良質のものとそうでないものとの評価がついている。翻訳のなかでも『フロイス　日本史』や、『十六・七世紀　イエズス会日本報告集』等は、利用頻度が高く不可欠の資料となっている。さらに、きりしたん研究を十全に行うには、手書きの欧文文書に加えて日本語の古文書を読むことも求められるが、両方を十全にこなすには長い訓練が必要だ。その結果、今日でも多くの研究が出版物の翻刻や翻訳書を利用しつつなされている。

しかし、たとえ翻刻書、翻訳書が整備され重宝されても、あくまで手書き文書が最良の史料で、それに基づく翻刻、翻訳物は一段価値の低いものとの判断は変わらないだろう。むろん、未発表の原史料はきりしたんについての新しい理解を広げる可能性がある限り利用されるべきである。では、オリジナル資料とその翻刻、翻訳書が揃う場合はどうか。

手書き原文書を一次資料とし、それ以外の翻刻、翻訳印刷物を二次資料とするとらえ方を再考したい。原文が一次資料であるとの主張の背景には、それ以外の記述の正確さへの懸念がある。その場合、二次資料は「手を加えられたもの」という意識がある。とくにきりしたん研究では、教会にとって不都合なことは削除されているとの指摘がされる。たとえば、五野井は、シュッテの翻刻したカタログ（名簿）の史料集にはすべてのカタログが含まれていなかったと、次のように批判する。

シュッテ氏は歴史の客観性よりも教会史家として、またイエズス会司祭として宗教的配慮をされたかのようであるが、私達が正に知りたいと思っている人間事に関する重要な情報がこのような形でコントロールされることは、甚だ遺憾なことと言わなければならない。原文書を直接調査研究できる者は、先ずなによりもあるがままの歴史史料を提示するよう心がける必要がある。(12)

五野井による教会史家に対するこの批判に同調する研究者は多いかもしれない。事実、同様の主張は、すでに紹介した高瀬弘一郎によっても、五野井よりも前一九七〇年代にかなり強い論調でされていた。これもきりしたん研究者には周知のことであろうが、今一度整理し、筆者の視点から検討を試みたい。(13)

高瀬は、「従来わが国のキリシタン史研究が、とかく霊的側面の教会活動と、それと次元を同じくして直接かかわりを持つ事象の解明のみに主力が注がれてきたことは否定出来ない」と述べ、その理

11　その価値は原文書の公開で一層低くなっているようにも思われる。五野井は「今や他人の翻訳したものに頼って論文を書くような時代ではない」と言い切る（五野井前掲書、二〇頁）。
12　五野井『日本キリシタン史の研究』一四頁。
13　以下、高瀬『キリシタン時代の研究』三九―四〇頁を参照。

由の「最大のものは、キリシタン史の研究が、カトリック教会関係者の編纂した史料集や各種の日本カトリック教会史に依存してすすめられ、当時の宣教師自身が書き残した原文書にまで遡ることが余り行われてこなかったことによる、と言ってよい」と述べる。すなわち、きりしたん史研究が宣教活動中心で展開されてきたのは、原文史料へのアクセスが叶わない状況下に、教会史家が編纂した史料しか使えなかったからだとの意見である。

なぜそれが問題なのか。高瀬は続ける。「教会関係者の文献は、確かに原文書に基づくものではあるが、厖大な量に上る文書からの取捨選択は教会の価値基準によって行われた」と。高瀬にとってはこの「教会の価値基準」が問題であった。なぜなら宣教師の残した文書には、「政治や経済など極めて世俗的なことに密着していたキリシタン教会の姿が生々しく描かれ、宣教師の赤裸々な人間性が記録されている」にもかかわらず「後世の教会の編纂書としては、あらゆる事実をありのまま記述することは有害無益なものであり、『教会史』の埒外の事柄は、いかに文書に記録されていようと除外されてしまっている」からである。その結果、「限りなく美化された殉教史へと展開させるのに好都合なことを主として収録した教会版キリシタン史が作られてきた」のだという。

そのような立場から書かれたものは資料的価値にも問題があるという。つまり、「宗教書ならそれも方便でよいが、これを歴史の文献として利用するには、そこに記述されているのは一面的な真実のみであって、今一つの側面が欠落している、ということを念頭におかねばならない」と述べる。高瀬のこのような視点は、既に見てきたように、彼のキリシタン史において宣教活動以外の歴史を重視する立場に基づいている。

五野井と高瀬の主張のポイントは明確で、〝原史料を読むと、より真実がわかる〟というものだ。しかし本当にそうだろうか。彼らは、教会史家による原史料の読み方に問題があった、そこにはカトリック的価値観に基づく原史料の取捨選択があった、という。さらに高瀬は、教会史家による記述は原史料が伝える「真実」の一面的な内容であり、大航海時代の植民帝国の国家事業としての政治的経済的側面という、より重大な側面が欠落していると批判する。教会史家の記述は「キリシタン教会側の純粋性を効果的に際立たせ」る結果（ないし目的？）をともなったともいう。しかし、もしこれらが問題であるとするなら、その問題は、彼らが示唆するように、原史料＝一次資料を読むことで解決するのであろうか。

（二）史料の相対化への試み――事実と記述との整合性

仮に歴史の「事実」とその「記述」が区別されるとするならば、そもそも一次資料の記述がより正確である、とは誰にとってかを問わざるを得ない。一次資料と「事実」との整合性はどれほど確認できるのか。たとえば、同じ原文書でも、よく知られる年報（公開用）の原文はどうか。すでにそれは教化的内容とするために「重要な情報がコントロールされ」ていたのではなかったか。一次資料にさかのぼれば、万人がみとめるような「事実」はでてくるのだろうか。結局は、それも〝誰か〟にとっての「事実」であり、その〝誰か〟とは書き手であり読み手であろう。

歴史家が依拠する原文書を書いた者にも、すでに想定された読者と目的があったはずである。そのためには、原文書が作成される段階で、記述する〝事実〟の取捨選択があったはずである。すでに、一次資料の段階である物差しが当てられている以上、事実に対しては全ての記述は相対化されて、今日、我々はそれらをまた別の基準、視点で整理して、別の読者を想定して語り直しているだけではないのか。一次資料であれ二次資料であれ、それぞれに語りの目線があり、目的があったはずである。それを整理しておかないと、無批判的に、原文書が最も正しく真実であり、よって正しい歴史記述のためにはそれが読めなくてはならない、との主張になってしまうだろう。

教会史的立場からのきりしたん史は「美化された歴史」と批判されているが、たとえ彼らの活動に政治的、経済的な側面があったとしても、そもそもその文書を書いたのはイエズス会員であり、想定された読者もそうであるならば、彼らの活動の一義的目的は宣教に外ならない。イエズス会宣教師がイエズス会員に送った文書にもとづいて、後世のイエズス会歴史家が、同会の目的に即した歴史を書くことに問題はないだろう。

しかも、イエズス会のアーカイヴは、イエズス会によって、イエズス会とカトリック教会の活動のために収集保存されたものである。内部資料であるものが、現在、会の寛容な判断によって会員以外の研究者に公開されているにすぎない。イエズス会に限らず、キリスト教宣教に限らず、宗教伝道には、伝道者の派遣、現地での滞在費、布教伝道費など、人が暮らし活動するためには当然費用が発生する。現地行政との布教公認をめぐるやり取りも生まれてくる。宣教報告のなかには経済や政治に関する内容が含まれるのは当たり前で、それらは会の中で蓄積され、それ以降の活動に生かしているはずである。

後世の歴史家がそれに触れていないことは、その歴史家たちが記述、編纂するものの目的のためには不要だからである。原文書の作者が目的をもってその書簡や報告書を書いたように、歴史家も目的をもって歴史を語る。我々に必要なことは、その目的を踏まえて、文書や歴史書をまず読むことであろう。信仰的動機によってイエズス会の宣教がなされたという前提がある限り、それは宗教、信仰に関するできごとであるとの前理解が、一次資料であれ二次資料であれ、書き手にも読者にもあるはずである。これは我々自身の研究についても同様であろう。「きりしたん」という看板のもとに語る以上、その内容は看板に一致しているというのが書き手と読み手の前理解（あるいは読み手が推測する、書き手の目的）ではないだろうか。仮にこの前理解が成立しないのであれば、我々は自ら作り出す歴史の語りを「きりしたん」という信仰の言葉と結び付けてはならないと思う。

重要なことは、今、我々が、史料の読み方について批判的に自覚すべきであり、それは広い意味で、きりしたん史の歴史観についての議論を深めることを要請する。歴史の語りの相対性に鑑みるならば、手書き原稿であれ印刷物であれ、研究者自身が史料を明確な分析と解釈の根拠をもって、批判的に他の史料との整合性を確認しながら、また、因果関係を論理的に構築しながら、読むことこそが重要であろう。

これまでの筆者の主張は、〝原文書のみが真実を語る〟とする一次資料至上主義への疑問であって、原史料そのものの資料的価値を減じたり、ましてや、それがもはや無用であるというのではない。重要なのは、一次資料だから真実であるとの前提から離れ、資料に向き合い批判的に読み込んでいくことである。事実、重要な原史料については、すでに紹介されたものであっても新たな発見や研究の進展によって、活発に再翻刻や再翻訳がされている。

一例として、かつて岸野久が行ったアンジロー書簡の再翻訳は、(14)一次資料の段階で数種類の史料を相互に突き合わせ、それらの中から大元（おおもと）ともいうべき真の原史料を突き当てて翻訳し直すというものだった。岸野はロヨラ宛のアンジローの書簡とされる文書（写本）の本文と書誌を調べ上げ、その書簡は「アンジローがポルトガル語で書いた下書きをもとに、ゴアでアンジローの指導をしていたコスメ・デ・トーレスがスペイン語で作成し、アンジローが署名した」とする結論を導いた。岸野は、アジュダ図書館に保存されているスペイン語の写本は、これまで日本語訳の底本として使用されてきた『イエズス会日本書翰集』の「コインブラ版」にも「エーボラ版」にもない部分を含んでいることから、それこそが最も信頼できる史料として確定し、みずから再翻訳した。すでに同書簡の日本語訳は四種類存在していたが、よりオリジナルに近い内容のものとして五番目の和訳を提供したのである。

岸野の例は一次資料をめぐる議論において重要な示唆を与える。ひとつは一次資料の相対性についてである。岸野が依拠したスペイン語写本は、現存する原史料の中で最も信頼できるとはいえ、岸野自身推測するように、アンジローが直接（ポルトガル語で）書いたのではなくトーレスによるものである以上、その内容はアンジローが必ずしもすべて意図したものではない。おそらく、岸野も認めるように、アンジローの書簡の中で日本脱出とマラッカでザビエルに会うまでの経緯は事実であろう。しかし、その書簡それ自体はアンジローが記したのではないとすれば、アンジローの書簡としての一次資料性はどうだろうか。岸野の推測に頼るならば、書簡には明らかに別の（本当の作者であるトーレスの）意図があったはずである。そうであれば、アンジローの考えを知るためには、原文史料という形式的には一次資料であっても、内容的に一次資料ではなく、相対的な資料群の一つに位置づけられるのである。

岸野の例は、さらに、原史料に対する批判的検証の重要性も示している。彼はアンジロー書簡についての結論を得る際に、イエズス会のジョセフ・ヴィッキ（Josephus Wicki）による書誌的考察を参照しつつ、自らの説を打ち立てている。彼は第一次資料のみをひたすら追い求めるのではなく、その一つ上の意味づけの照合次元（plane of reference）とつねに往復しながら、問いをたて、論を立てていく姿勢を示している。ここでの照合次元を一次資料を読み解く視点や文脈ととらえれば、今後、書誌学や文献学に限らず、きりしたんの歴史研究全体において広く諸領域で試みる時期にあるように思う。

最後に、一次資料の再吟味に基づく研究という点では同じだが、最近発表されたものの中で注目されるのは、松井洋子他編による『甦る「豊後切支丹史料」――バチカン図書館所蔵マレガ氏収集文書より』（勉誠出版、二〇二〇年）である。[15]この書の出版は、マレガ資料に関する大きなプロジェク

14　岸野久「第一章　一五四八年一一月二九日ゴア発イグナティウス・デ・ロヨラ宛アンジロー書翰――内容分析・書誌・翻訳」『ザビエルと日本――キリシタン開教期の研究』（吉川弘文館、一九九八年）一―二二頁。

15　他にも最近の出版では、『隠れキリシタンの布教用ノート吉利支丹抄物――影印・翻刻・現代語訳』（勉誠出版、二〇一九年）がある。題名に関して、「隠れキリシタン」に「布教」という概念が当てはまるのかどうかはさておき、その題名が示すとおり、オリジナルの影印、翻刻、現代語訳までが一冊にまとめられたものである。

ト（マレガ・プロジェクト）の一部としての位置づけであるが、その書名が物語るように、同書はマレガ氏による『豊後切支丹史料』（正、続）において翻刻収載された文書を、そのもとになる原文書に再度立ち返り再翻刻したものである。[17]『甦る「豊後切支丹史料」』の出版の目的について、編集代表の松井洋子は「マレガ氏が選択した文書を、もう一度原文書から甦らせることで、マレガ氏の著書を、そしてその収集史料を理解する手がかりを提供することが、本書の意図である」（ii頁）と述べている。つまり、すでにある翻刻版を再度そのもととなる一次資料に照らして、吟味し、必要な訂正を施してなされたものであった。

三、新領域の開拓と新しいアプローチ

筆者は冒頭に、歴史研究の進展は、新しい史料の発見と、史料の新たな読み方にあると述べたが、この二つの間では、五野井は、おもに新史料の発見（発掘、とりだし）の方に期待を寄せた。そうした史料をもとに、グローバルな視点から布教と受容の様子が明らかになろうとの見通しであった。[18]

二〇年前の五野井の見解を過去のそれとみるか現在とみるかはともかく、少なくとも「今」言えることは、伝統的なこれまでの研究に加えて、従来であれば影となっていた領域、すなわち、社会史、下からの歴史（受容史、エリートと区別されるポピュラーレベル）、女性史、美術芸術、マテリアリティー、さらには歴史記述の方法を検討する「歴史観」の議論など、さまざまな新たな光の当て方、アプローチがきりしたん研究にも試みられるようになってきた、[19]ということだ。これらは、新史料

の発掘も含むが、それ以上に、すでに存在しながらこれまであまり内容的に着目されなかった史料の

解題はつけられているが、きりしたん関連書としての分析はあまりなく、専ら史料の詳細な紹介を旨としている。基礎資料を再生産する営みは、きりしたん版の影印版（天理図書館善本叢書『きりしたん版集1、2』一九七六年）や複製版（『天理図書館蔵　きりしたん版集成』一九七六年）の他、最近の『日葡辞書』のカラー版の出版（『リオ・デ・ジャネイロ国立図書館蔵日葡辞書』）など多くみられる。

16　すでによく知られているように、カトリック教会、サレジオ会のマリオ・マレガ司祭（一九〇二—七八年）が出版した『豊後切支丹史料』（一九四二年）と『続豊後切支丹史料』（一九四三年）で翻刻紹介した文書を含む、同氏が収集した膨大なきりしたん関連文書（マレガ資料）が送付先のバチカン図書館で発見され、その整理、保存、公開が二〇一三年より人間文化研究機構とバチカン図書館で進められている。

17　同書の出版以外にも、プロジェクトの報告書が『バチカン図書館所蔵マレガ神父収集豊後切支丹史料——概要と紹介』（マレガ・プロジェクト 人間文化研究機構日本関連在外資料調査研究、二〇一七年）として日本語と英語で公開されている。日本語一〇〇文書、英語三〇文書がマレガ資料の詳細な書誌情報とともに公開されている。とくに英語版は、それぞれの文書について原書の影印版、日本語翻刻、英語翻訳が施されている。英語訳を現代日本語訳に代わる解釈文ととらえれば、まさに〝至れり尽くせりの史料紹介〟となっている。

18　五野井『日本キリシタン史の研究』二二頁。

19　二〇〇〇年以降の国内出版物であれば、以下が含まれる。大橋幸泰『キリシタン民衆史の研究』、川村信三『キリシタン信徒組織の誕生と変容』、中園成生『かくれキリシタンの起源《信仰と信者の実相》』（弦書房、二〇一八年）、拙著『きりしたん受容史——教えと信仰と実践の諸相』（教文館、二〇一八年）、三輪地塩『殉教の記憶・記録・伝承——津和野キリシタン史記述再考』（晃洋書房、二〇二〇年）。他に、二十六聖人のひとりを崇拝するメキシコの習慣の研究、川田玲子『メキシコにおける聖フェリーペ・デ・ヘスス崇拝の変遷史——神の沈黙をこえて』（明石書店、二〇一九年）は、図像史も専門に含む著者による興味深い事例であろう（日沖直子氏によりこの書の紹介を得た）。

再評価や、史料の新しい部分への着目、解釈、分析によって可能になったものが多い。これら新しい視座による影響は少なくない。たとえば、近年の研究では、きりしたん時代と現代のかくれきりしたん時代の間で、人々の信仰実践が類似していると指摘されている。[20] これに基づくならば、従来の「きりしたん時代」「潜伏時代」「かくれきりしたん時代」の区分でさえ再考されるかもしれない。

海外においても、研究者は新しい視点から修道会による報告史料を読み直し、これまでの普遍主義的で拡張主義的な枠組の再考を試みている。宗教伝道の歴史研究は修道会のヨーロッパ中心の歴史から離れ、より広い文化史の問いへと近づいており、そこでは当然、現地文化も視野に入れた異文化接触のあり様として研究し始めている。広く歴史学では、文化に着目した研究は「文化的転回」(cultural turn) とも呼ばれ、一九八〇年代以降、とくにM・ダグラスやC・ギアツら文化人類学の理論を援用・適用した分析が既に定着しつつある。[21] 従来の政治経済中心の歴史観から転回し、むしろそれらや思想がいかに文化をとおして翻訳され、理解され、伝えられ、表象されたかに関心を向ける。文化史は文化的な経験、象徴や態度に着目して歴史を記述する。文化的影響にはエリートと一般民衆との区別はないが、通常の歴史観がエリート中心であることと比較すると、文化史は民衆への注目度が高い。

海外の研究では、文化史的な問いによって異文化間のやりとりに一層関心が向けられている中、とくに近年はより多くの焦点が(宣教)地域のキリスト教共同体の研究に当てられている。地域で実際に起こったことは、宣教師による適応の結果というより、宣教師と現地の人々の両方が主体的に働きかけて形作られた独特のキリスト教表現であると再定義されている。このようにカトリック伝道の歴史は、ヨーロッパとアジアの間での、行為者中心のトランスカルチャルな関係の歴史になりつつあるという。[22] それは、グローバルな視点ではありながら、大航海時代の単一的で普遍的な西洋文化とそれに反発するローカルヒストリー、という単純な構図ではなく、カトリック宣教師がもたらしたキリスト教が現地の人々の世界観と融合あるいは反発した様を丁寧にみて比較することで、普遍的でも地域限定でもない視点によって、より深く複雑な理解を可能にすると期待される。

（一）「きりしたん」は日本において日本語で語られ日本人によって実践された信仰体系

さて、これからのきりしたん研究にはどのような方向性が可能となるのか。

半世紀前に書かれた海老沢有道の『日本キリシタン史』によれば、（キリシタンを）慣用するのは、十六世紀中葉日本に伝来したカトリック教にあてて用いる場

20　中園『かくれキリシタンの起源』他。
21　Peter Burke, *What is Cultural History?* 3rd ed.（Polity, 2019）; *History and Social Theory*（Polity, 2005）等を参照。
22　Nadine Amsler et al. eds., *Catholic Mission in Early Modern Asia: Patterns of Localization*（Routledge, 2020）, Introduction.

> 合だけであり、日本史的一つの術語であると云える。（中略）キリシタンはあくまでも日本史的術語であり、厳密には十六世紀以来、一八七三（明治六）年二月の、いわゆる「切支丹禁制高札」撤去までの間における日本カトリックにのみ用いらるべきものである。しかも本来的意味より広く、単に「キリシタン」というだけで、その信者はもちろん、宗門――正しくはキリシタンダァデ Christiandade――などまでを含めて用いられるのである。(23)（傍線筆者）

海老沢は、このように、「キリシタン」という用語の適用範囲を一六世紀以来、一八七三年までの日本カトリックと明示した。彼は「キリシタン」をヨーロッパ人宣教師にも適用して「キリシタン・パアドレ」とさえ呼ぶ。これは一見意外に思われるが、「キリシタン」が日本のカトリックである以上、それを教えた人たちは「パアドレ」と呼ばれたのだから、当時の日本という文脈においては当然であろう。それはまた「キリシタン」の概念の範囲をキリシタン教界に限定したこととも一貫している。(24)

筆者の立ち位置は、海老沢の立場をもう少し進めたところにある。当時の信徒と日本カトリックの動きをすべてキリシタンとはできないと考える。きりしたんの教えと信仰と実践の実際に忠実になれば、ヨーロッパからもたらされた教えが日本語になり、当時の日本の様々な宗教的イディオム（現世安穏、後生善処、安心決定など）も用いて提供されて「きりしたんの教え」となった。そして、その教えを習い、実践しようとした人々が「きりしたん信徒」であり、彼らが主体的に生きた信仰世界が「きりしたん」という宗教であった。それは、当時、宣教師がヨーロッパから持ち出したカトリック・キリスト教とは異なる。当時のこの「きりしたん」と呼ばれた新しい信仰に触れて受け入れ実践した人々の目線に立てば、彼らが信じ実践したのは、この日本語のきりしたんの世界である。したがって、彼らは、「キリスト教」を受容したのではなく「きりしたん」を受容した。

彼らの目線に立てば、日本において彼らの理解できた日本語で与えられた信仰の世界がすべてであり、それがもともと異国から来たことは推測できたとしても、その異国性が新しい信仰を受容する理

23　海老沢有道『日本キリシタン史』（塙書房、一九六六年）一七頁。

24　他に、「キリシタン」を信仰活動に限定しない包括的なとらえ方の一例に、井手勝美による「キリシタン史は……キリスト教を社会文化的構成要素の核とし、一つの不可分の全体として統合された、成長期の西洋文明に対する受容と拒絶の時代であった」との定義がある。すなわち、「キリシタン史における布教事業は……世俗的事業（航海・征服・植民・貿易）と表裏一体化し、ローマ教皇、国家、および宗教界の保護援助と統制支配下に、現実に人と思想と物と金銭を含め、複合した統一運動として展開された」（井手勝美『キリシタン思想史研究序説――日本人のキリスト教受容』〔ぺりかん社、一九九五年〕一頁）。

「キリシタン」の使用に関して大変興味深い例は、高橋裕史の『戦国日本のキリシタン布教論争』である。高橋は書名には「キリシタン」を使用しながらも、本文中は、序章の最初の二文に現れる三か所を除き、すべてキリスト教ないしキリスト教信徒との表記を使っている。宣教師中心の高橋の本は、宣教師の世界観に忠実に、送り手側に立ち「キリスト教」という語を用いている。しかしそうであれば、なぜ書名に「キリシタン」を用いたのかと思う。

近年では、キリスト教に対するきりしたん（キリシタン）の用語の限定は緩やかに落ち着いてきて、「キリスト教に関し、一般的な宗教として表す場合「キリスト教」という語を用い、日本で受容された信仰ないしその信徒を「キリシタン」として表す」例がある（岡美穂子「キリシタンと統一政権」『岩波講座　日本歴史　第一〇巻　近世１』〔岩波書店、二〇一四年〕一六九―二〇四頁）。

由ではなかったであろう。この信仰でたすかりたいと思う人々にとっては、彼らが聴きやがて自ら語るようになった信仰の言葉、救済の言葉が、もともと「外国語」であったかどうかは関心の埒外であったろう。彼らは、日本語で語られるきりしたんの信仰世界を生きた。

これを踏まえると、今日彼らを表記するには、異国・異文化からの伝来を含意するカタカナ書きではなく、ひらがなの「きりしたん」が、その特徴をより明確に伝える。事実、きりしたん版では「きりしたん」「き里したん」とひらがなで刻字されている。このひらがな書きの「きりしたん」を受容したのが、きりしたんの人々、きりしたん信徒である。本稿がひらがな「きりしたん」にこだわる理由はここにある。

以上のように「きりしたん」を理解するならば、日本語で学び実践した人々が何を学び、何を信じ、何を実践、行動したかを解明していくことは、きりしたん研究の中心的な領域ではないだろうか。こうして、これまで一部の偉人的信者以外、脇に置かれたり、あるいは信仰レベルの低い者と蔑まれてさえいた人々をも含む、きりしたん信徒に正面から光が当たることになる。伝道の枠組みでいえば、彼ら信徒は「きりしたん」の受容者である。よって、彼らについての語りは「きりしたん受容史」と呼ぶのがふさわしい。

(二) 受容者のきりしたん史

きりしたん受容者には、きりしたん大名から、一般のポピュラーレベルの信徒まで幅広く含まれる。特に一般信徒は、庶民や民衆と呼ばれることが多い。

これまで、きりしたん受容者の記述は少なくない。岡田章雄は「キリシタン習俗」という概念で庶民の信仰を描いた。先の海老沢の著書も受容者への着目が顕著である。しかし、海老沢の場合、受容者の信仰も一神教的ＡかＢかの前提で理解しようとしたため、また、信仰の本質を教理理解においているために、議論に窮屈さが残り、神学的視座の限界が見える。きりしたんの受容者の研究には、彼ら自身が残した文書史料は少ないが、彼らに関する記述は多くの資料に含まれている。それらを比較法、社会史的理論、文化人類学的理論、儀礼論などの、分析、解釈ツールを用いて、複数の照合次元（文脈）に照らしつつ、さまざまに読み解くことが必要になる。これまで、一般きりしたん信徒が着目されながら、十分な領域として発展しなかったのは、この読み解く方法、分析、説明の仕方、意味の抽出方法の考察や、それを支える歴史観の議論が不十分で、その結果、光の当て方が不徹底であったからだと考えている。

たとえば、研究者がきりしたんの教えの意味を理解しようとするとき、きりしたん用語の多くが、ポルトガル語やラテン語の本語、あるいはその和らげ（和訳）であり、和らげには仏教語が用いられていたとして、当然のように、きりしたん用語の意味を、それらの「元の意味」、すなわちもとの西洋言語（ラテン語やポルトガル語）やもとの仏教語に戻して確認する。しかし、きりしたん信徒の目線に立つならば、それら元の言葉の意味は彼らには窺い知れないことで、本語や和らげや仏教語云々とは、彼らの信仰意識にはなかったであろう。その起源が何であれ、日本語で彼らに与えられたその言葉がきりしたんの言葉となった。一つひとつの用語に「きりしたんとしての意味」があった。そして、今度は、彼ら自身が、それらの言葉を用いて、彼らの信仰の語りとしていったのである。

そうであるならば、彼らが生きた世界を描くには、この言葉の本当の意味はこれこれと、他に還元して理解し説明するような態度ではなく、それらの言葉とともに生きたきりしたん自身の独自の信仰世界に向き合い、体系的に理解し、その中で彼らの行動の意味を読み解いていくべきであろう。予断を停止して、彼らの行動の現れを見つめ、彼らの信仰の意味を共感的につかみ記述するのである。(25)

おわりに

今後もイエズス会アーカイヴの新たな原史料の紹介は続くであろう。また、近年のマレガ文書のように、新たなきりしたん関連史料の発見は大きな話題となろう。しかし、それらだけでは、きりしたん研究の未来は心許なく感じる。歴史研究では、すでに多様な史料群を用い、さまざまな光を当てて、新たな領域の開拓と歴史の語りが試みられている。きりしたんという豊かな多様性に彩られた研究分野をさらに発展させるには、これまで以上に多くの視点から読み解く力が求められていると思う。

そして、より多くの日本人研究者が英語で研究成果を発信することを期待したい。筆者のわずかな経験からでも、英語で展開される研究は、きりしたん関連に限らず歴史学一般についても、日本語のそれとは問題点の設定や説明・解釈の点でかなり異なっている。そしてなにより、国内の研究者による優れた成果を世界中で読んでもらいたい。そのためには、英語での発信は不可欠である。そして、今日では、文化的転回に限らず、かなり以前からある言語論的転回や、他にもさまざまな社会理論と交差させる歴史研究が盛んである。それは歴史観的転回（historiographic turn）とまとめることができよう。新たな視点への挑戦と海外の研究者との切磋琢磨によって、きりしたんという魅力的な研究領域が大きく発展することを願ってやまない。

25　受容者の視点からのきりしたん史の記述の具体例については、拙著『きりしたん受容史——教えと信仰と実践の諸相』を参照されたい。

第二章　日本近世史におけるキリシタン史研究
——特に絵踏について

村井早苗

はじめに

本稿は、二〇一九年五月に『歴史学研究』に投稿した「キリシタン史研究の成果と課題——近年の動向を中心に」と、同年九月一三日にキリスト教史学大会（於上智大学）において報告した内容をまとめ、削除・加筆・補正したものである。そして、特に「絵踏」について考察したい。

二〇一八年六月三〇日、「長崎と天草地方の潜伏キリシタン関連遺産」の世界文化遺産への登録が決定され、マスコミ等でこの件について多く取り上げられることになった。日本におけるキリシタンの歴史については、ともすれば迫害と殉教、転びの悲劇、潜伏してキリシタンの信仰を守り伝えた「美しい物語」になりがちである。では教外者である筆者が、この「美しい物語」にどのように向き合えばよいのだろうか。以下、キリシタンが日本近世史に如何なる刻印を与えたのか、近年の研究業績を中心に検討していきたい。

一、キリシタン史の期間と時期区分

最初に、キリシタン史とはどのような期間を扱うのか、見ていきたい。二〇一六年に刊行された浅見雅一『概説キリシタン史』(1)によれば、「キリシタン史とは、一六世紀中葉に日本にキリスト教が伝えられてから、禁教の時代を経て江戸幕府による『鎖国』に至るまでの、約一世紀にわたる日本におけるキリスト教の歴史を指す」とある。しかし研究史においては、姉崎正治のいわゆる五部作(2)、海老沢有道『日本キリシタン史』(3)では一八七三年のいわゆる「切支丹禁制高札」撤去までの期間とする。海老沢は同書で、キリシタンはポルトガル語のCristão(キリスト教の、キリスト教徒)で、キリシタンと発音し慣用するのは厳密には一六世紀以来、一八七三年二月の「切支丹禁制高札」撤去までの日本カトリックのみに用いられる日本史的術語であるとする。

次に、日本キリシタン史の概説書について見よう。概説書は意外と少ないが、海老沢前掲書、清水紘一『キリシタン禁制史』(4)、五野井隆史『日本キリスト教史』(5)、浅見前掲書等が挙げられる。しかしこの全時期に取り組むことは困難であり、海老沢『日本キリシタン史』はザビエル来日より寛永鎖国まで、清水『キリシタン禁制史』は一六世紀中葉より万治・寛文期(一六五八—七三)の禁制制度の成立までを主としている。唯一五野井は『日本キリスト教史』というタイトルからも窺えるように、一六世紀より二〇世紀中葉のアジア・太平洋戦争後までを叙述している。そして近年の成果である浅見前掲書は、一六世紀より寛永鎖国までを主として叙述し、「潜伏の時代」は展望にとどめているように思われる。

このように、キリシタン史の全時期に取り組む事は困難であり、本稿では伝来期より一七世紀後半のキリシタン禁制制度の成立までの期間を中心に取り扱うこととしたい。

二、伝来期の研究動向――イベリア・インパクト

では最初に、伝来期について見よう。日本に最初にキリスト教を伝えたのはイエズス会宣教師フランシスコ・ザビエルであるが、当時のヨーロッパにおける宗教改革やイベリア両国のアジア・アメリカ方面への進出（侵略）と大きく関わっていた。近年の研究は、このイベリア・インパクトとの関わ

1　浅見雅一『概説キリシタン史』（慶應義塾大学出版会、二〇一六年）。
2　姉崎正治『切支丹宗門の迫害と潜伏』（同文館、一九二六年）、『切支丹禁制の終末』（同文館、一九二六年）、『切支丹迫害中の人物事蹟』（同文館、一九三〇年）、『切支丹伝道の興廃』（同文館、一九三〇年）、『切支丹宗教文学』（同文館、一九三二年）。以上五部作は、一九七六年に国書刊行会より再刊されている。
3　海老沢有道『日本キリシタン史』（塙書房、一九六六年）。
4　清水紘一『キリシタン禁制史』（教育社、一九八一年）。
5　五野井隆史『日本キリスト教史』（吉川弘文館、一九九〇年）。

りに注目している。インパクトとは一時的な遭遇でなく、「衝撃」性のある政治的・社会的圧力を受けることで、社会に「遺産」的な痕跡を残すとされている。[(6)] このイベリア・インパクトとは深谷克己の造語だが、ここではイベリア両国のアジア・アメリカ方面への進出（侵略）とその影響といった意味で使いたい。イベリア・インパクトを研究するには、特にポルトガル語、スペイン語、イタリア語、ラテン語で記された海外史料が重要な意味を持っている。この海外史料による研究は従来、高瀬弘一郎、[(7)] 五野井隆史、[(8)] 岸野久[(9)]等によって進められてきており、近年では清水有子、[(10)] 折井善果[(11)]等によって取り組まれている。そして二〇一〇年に『日本・スペイン交流史』[(12)]が刊行され、当時の駐日スペイン大使ミゲル・A・カリエドが「刊行によせて」を記している。さらに二〇一二年刊行の清水有子『近世日本とルソン』[(13)]は、「鎖国」研究の現状の問題点として①アジアの南欧勢力（ポルトガル・スペイン）に関する検討が不十分で、②南欧勢力と日本との関係のうち、対スペイン関係がほとんど顧みられず、③以上の問題点を克服するための対スペイン関係の史料環境が整備されていないとする。清水はインディアス総合文書館所蔵フィリピン総督府日本関係文書を中心にスペイン語史料に取り組み、対スペイン（ルソン）関係が「鎖国」の形成に与えた影響を考察している。二〇一八年には平川新[(14)]が、翻訳史料をも使用しながら、豊臣秀吉、徳川家康、伊達政宗がイベリア・インパクトにどのように対したのかを考察している。また慶長遣欧使節については、海外史料によって取り組んだ大泉光一の一連の研究がある。[(15)]

このイベリア・インパクトについて研究する時に、当時のポルトガルとスペインとの関係についても検討しなければならない。イベリア両国は「新世界」への進出に覇を競ってきたが、周知のように、一五八〇年にポルトガルはスペインに併合され、翌一五八一年にポルトガル国王にスペイン国王が兼任することで、ポルトガル王国が存続することになった。ポルトガルの伝統と自治は尊重され、ポルトガル領植民地における商業はポルトガル人にのみ許され、ポルトガルによる対日貿易の独占は当面の間は維持された。

6　深谷克己「イベリア・インパクトと壬辰戦争」（東洋大学白山史学会『白山史学』四九号、二〇一三年）。
7　高瀬弘一郎『キリシタン史の研究』（岩波書店、一九七七年）他。
8　五野井隆史『徳川初期キリシタン史研究』（吉川弘文館、一九八三年）他。
9　岸野久『西欧人の日本発見——ザビエル来日前日本情報の研究』（吉川弘文館、一九八九年）他。
10　清水有子　註12・13参照。
11　折井善果　註12参照。
12　坂東省次・川成洋編『日本・スペイン交流史』（れんが書房新社、二〇一〇年）。同書所収の清水有子「『鎖国』政策の進展とスペイン」、折井善果「ルイス・デ・グラナダとキリシタン文学」。
13　清水有子『近世日本とルソン——「鎖国」形成史再考』（東京堂出版、二〇一二年）。
14　平川新『戦国日本と大航海時代　秀吉・家康・政宗の外交戦略』（中央公論新社、二〇一八年）。
15　大泉光一訳注・解説『支倉六右衛門常長「慶長遣欧使節」研究史料集成』第一巻（「S・アマーティ・伊達政宗遣欧使節記」「アンジェリス書簡」その他の史料）（雄山閣出版、二〇一〇年）、『支倉六右衛門常長「慶長遣欧使節」研究史料集成』第二巻（「スペイン国立シマンカス総文書館・インディアス総文書館」「スペイン王立歴史アカデミー図書館」「ヴァティカン機密文書館」「メキシコ国立公文書館」所蔵文書その他の史料）（雄山閣出版、二〇一三年）他。

三、「鎖国」研究の動向

次に「鎖国」の研究について、検討したい。いわゆる「鎖国」についての研究は、従来の得失論や世界の発展から取り残された「日本の悲劇」という見方に対して、一九七〇年代より朝尾直弘[16]や荒野泰典[17]によって、東アジア世界の中でイベリア両国との関係を考える視点が打ち出された。特に荒野は、江戸幕府は日本を中心とする新しい国際秩序＝日本型華夷秩序の構築を目指したとする。そして「鎖国」ではなく「海禁」「華夷秩序」という概念を提唱し、異国・異域に対しては薩摩・長崎・対馬・松前の「四つの口」が開かれていたとする。荒野は決してイベリア両国の影響を軽視したわけではないが、近世日本の対外関係が開かれたイメージで語られるようになり、「鎖国はなかった」とさえされるようになった。荒野は近著『「鎖国」を見直す』[18]で、自身の「鎖国」観の変遷を語っている。一九世紀前半における徳川政権の国際関係の管理・統制体制は、「海禁」と呼ばれるものであった。「海禁」とは、同時代の東アジアに普遍的だった国際関係の管理・統制のための体制であった。公的な任務を帯びた人物が海外に出たり、外国人と交流することは禁止されておらず、文字通りに「鎖国」していたわけではなく、当時の日本人がそのように考えていたわけではないとしている。

一般に「鎖国令」と呼ばれるものは、寛永一〇（一六三三）年より連年出された第一次〜第四次鎖国令と寛永一六年に出された第五次鎖国令である。山本博文[19]によれば、第一次〜第四次鎖国令は長崎奉行に宛てられた老中奉書であり、その内容は貿易統制、キリスト教の禁止、日本人の海外往来の制限から禁止であり、公布されたものではなかった。これに対して寛永一六年に出された第五次鎖国令は、宛先がなくて公布されたもので、その内容はキリスト教の禁止を主旨として、前年に終結した島原・天草一揆に触れ、キリスト教禁止のためにポルトガルとの通交禁止が定められたとする。

四、「島原・天草一揆」についての研究動向

それでは第五次鎖国令で「宗門之族、結徒党企邪儀、則御誅罰之事」とされた島原・天草一揆について検討しよう。島原・天草一揆については従来、①松倉・寺沢両氏による苛政に対する一揆、②「立帰り」キリシタンによる一揆、③土豪（牢人）の関与が指摘されてきた。以下、筆者の見解も含めて検討していきたい。

島原・天草一揆に関する研究として、近年では神田千里『島原の乱』[20]を挙げることが出来よう。

16　朝尾直弘「鎖国制の成立」（『講座日本歴史』四、東京大学出版会、一九七〇年）。
17　荒野泰典『近世日本と東アジア』（東京大学出版会、一九八八年）、「日本型華夷秩序の形成」（『日本の社会史』一、岩波書店、一九八七年）。
18　荒野泰典『「鎖国」を見直す』（岩波文庫、二〇一九年）。
19　山本博文『寛永時代』（吉川弘文館、一九八九年）、『鎖国と海禁の時代』（校倉書房、一九九五年）。
20　神田千里『島原の乱――キリシタン信仰と武装蜂起』（中央公論新社、二〇〇五年）。二〇一八年に講談社より学術文庫として、若干の補訂を加えて再刊。

神田は同一揆を「一五世紀から一七世紀初頭にかけてみられる土一揆という、武士に率いられた民衆の武装蜂起の最後を飾る、中世から近世への移行を象徴する出来事ではないか」としている。さらに「ごく普通の領民たちが否応なく宗教一揆に巻き込まれたのである」としており、その他神田の指摘は多岐に渉る。これに対して大橋幸泰[21]は、神田の研究は一五世紀から一七世紀前期を一つのまとまった時代として見ており、中近世移行期論の一環として説得力のある議論を展開しているが、この一揆がその後の近世国家社会にどのような影響を与えたのかについて検証する必要があるとする。以下、大橋の指摘も含めて、随時検討していきたい。

一揆勃発まもない寛永一四年一一月八日付で、京都所司代・大坂城代等の豊後諸藩宛の廻文が出された。その内容は、「嶋原松倉長門守領分きりしたん一揆をおこし、同所有江・有馬と申古城ニ五六千程取籠申之由注進候間、御領分ゟ武道具并兵粮以下、彼地江入不申様ニ被申付候、次此已前ころひ候きりしたん共も此度嶋原へ参候儀可有之候間、御領分境目ニ堅番を被申付、嶋原江宗旨之者共不集様ニ急度可被申付候[22]」というものであった。このように島原の一揆は、当初からキリシタン一揆と認識されていた。さらに一二月一八日付で、大坂城代等から臼杵藩主稲葉一通に宛て、天草の一揆が臼杵領内に襲来したら捕縛して、その旨を報告するように求めている[23]。一揆の旧大友領の豊後諸藩への波及を警戒しているのである。では、一揆の波及の可能性は何に求められるのだろうか。

島原・天草一揆に参加した村々は、島原では天草対岸の南目の村々が、天草では島原半島南目の対岸の北目の村々であったことは、よく知られている。これは、村々の指導者が領主側につくか、一揆側につくかに大きく関わっていた。そして神田は、村々の指導者たちはかつての土豪層で、民衆を動員して蜂起させるやりかたを知りぬいていたと指摘している。さらにこの地域は、かつてキリスト教の布教が行われ、キリシタンになった者も多くいた。それゆえに、転びキリシタンが数多く存在し、また大経営が広範に存在していた豊後諸藩に、一揆が波及する可能性があった。臼杵藩では領地を組に分け、組ごとに庄屋を設置し、組のもとに村々を付属させて村には弁指（弁差）を置いていた。そして庄屋には扶持を与え、家臣団の最末端に組織させていた。江戸より帰着した藩主一通の嫡子信通は、庄屋・弁指から人質を徴して城内に監禁している[24]。

では、この一揆を特徴づけるキリシタンの問題、特に一向宗との関係についてみよう。神田の指摘によれば、熊本藩主細川忠利は次のように認識していた。すなわち将軍家光は、かつての一向一揆のようにキリシタン一揆が拡大し、長崎などへの波及を懸念しているというのである。また追討使三河深溝藩主板倉重昌討死の報が届いた寛永一五（一六三八）年一月二〇日、紀伊大納言徳川頼宣もまた、キリシタン一揆を一向一揆と重ね合わせて認識し、原城の攻撃においても九州にはキリシタンに心ひかれる大名もいるかもしれないとしている[25]。このように幕閣内部でも、島原・天草一揆はかつ

21　大橋幸泰『検証　島原天草一揆』（吉川弘文館、二〇〇八年）。
22　『稲葉家譜』（臼杵市教育委員会）。
23　同右。
24　同右、久多羅木儀一郎「臼杵藩民政機構の研究」（『臼杵史談』一八・一九・二〇号、一九三六年）、秦政博「臼杵藩体制の確立――番方を中心に」（『大分県地方史』八三号、一九七六年）。
25　『徳川実紀』寛永一五年一月二〇日条。

ての一向一揆を想起させるものであった。

それればかりでなく、キリシタンと一向宗との関係は深かった。天正一三（一五八五）年、豊後府内の周辺で二五〇〇名が洗礼を受けた。その内で五〇〇名が一向宗門徒で、高田付近に住んでいた。この高田地区は真宗地帯であり、その中心である森町村には一五世紀後半以来、後に豊前・豊後・周防・長門に多くの末寺を擁する大寺院専想寺となる真宗の惣道場が存在した。真宗門徒は道場に通い「講」を組織し、死者を葬り、仏事の後には「斉（とき）」として会食した。川村信三[26]は、この真宗の講がヨーロッパのコンフラテルニタス（コンフラリア）の姿に重なると指摘し、一五八〇年代にキリスト教布教が始まると、講の経験がコンフラリアの組織につながるとする。また折井善果[27]により、キリスト教の教義が真宗の用語で翻訳されたことが指摘されている。例えば神の恩寵（絶対的恩恵）を「他力」、人間の自由意志を「自力」としている。天正一五（一五八七）年六月にはいわゆる伴天連追放令が発令されるが、ルイス・フロイスは追放令後、かつてのキリシタン大名高山右近の領地であった摂津高槻では、以前に一向宗門徒であった人々がキリシタンの信仰に動揺をきたしたと述べている[28]。

以上、キリシタンと一向宗との関係について見てきたが、では一揆においてこの問題はどのように関わったのだろうか。神田によれば、一揆が始まると天草から真宗門徒が熊本領に逃れてきたという。天草では従来、真宗門徒が多かったが、永禄九（一五六六）年よりキリスト教布教が始められ、真宗門徒の反発を受けながら布教が進められた。その後キリシタン大名小西行長の時代、寺沢氏の入部による一向宗布教の奨励の時期を経ることになり、天草では住民がキリシタンと一向宗との間で、軋轢と逡巡を繰り返すことになったのである。

それでは、この一揆の評価について見ていこう。大橋は、信仰の要素も藩の苛政への要素も共に存在し、どちらか一方を本質として見ることはできず、一揆に女性が含まれており挙家型の行動様式をとっているので、近世前期の逃散に近いものであり、一揆後、幕府が民衆統治にあたり、「仁政」イデオロギーを掲げざるを得なくなったとする。

筆者は、苛政はどの地域でも行われていたが、何故、島原・天草地域に起こったのかについて考える時、この地域の村落構造や土豪の存在、原城に籠城した民衆は必ずしも「立帰り」キリシタンであった訳ではないが、キリシタン信仰の問題は無視できないと思う。さらにこの一揆が後の歴史に与えた刻印について、次のように考えている。一揆後連年、キリシタン禁令が出されたが、寛永一九（一六四二）年五月に帰国を許された大名達に対して「一、於領分きりしたんの宗門弥入念可相改事……一、去年作毛も損亡ニ付て、諸国住民等困窮之由及　上聞之間、応分限、可廻撫民計事」という触書が出された[29]。この触書で、一揆以後連年出されたキリシタン禁令は一応終わりを告げたが、この中で、キリシタン改の励行とともに「撫民」が要求されている。すでに慶長二〇（一六一五）年の最初の武家諸法度で「国主可撰政務ノ器用事」と諸大名に撫民が要求されており、一揆勃発より二

26　川村信三『キリシタン信徒組織の誕生と変容』（教文館、二〇〇三年）。
27　折井善果「キリシタン文学と浄土真宗との教義的交差について」（『イスパニカ』五〇、二〇〇六年）。
28　松田毅一・川崎桃太訳『フロイス　日本史』五（中央公論社、一九七八年）。
29　高柳眞三・石井良助編『御触書寛保集成』一二三一号（岩波書店、一九三四年）。

年前の寛永一二（一六三五）年の武家諸法度にも「知行所務清廉沙汰之、不致非法、国郡不可令衰弊事」と「安民」条項があった[30]。このように諸大名への撫民要求は早くからあったが、寛永一九年の触書がキリシタン禁令と併記された点は注目されるのではないだろうか。一揆のもたらした一つの帰結ともいえよう。

なお一九九〇年代以降、一揆が最終的に立て籠った原城跡の発掘調査が行われ、人骨や小さな十字架等が掘り出され、また原城の本格的な破却は一揆後であったことがわかってきた。発掘は今後も続けられ、この一揆の研究が新たな展開を見せることになろう。

五、絵踏について

最後に絵踏について、取り上げたい。絵踏は背教の強要、あるいは証として、寛永年間（一六二四—四四）に長崎で始められ、北九州の一部の地域で制度化されて幕末に至るまで行われた。絵踏については文学等で取り上げられており、特に一九八一年に発表された遠藤周作の『沈黙』[31]は、絵踏のイメージを強烈なものとし、最近では二〇一七年に映画化されている。踏絵と絵踏については、地域によって様々な呼称があり、また両者は混同して使われることがあるが、ここでは踏むための像を踏絵、踏絵を踏むことを絵踏としておく。

絵踏に関して本格的に取り組んだ研究は、アジア・太平洋戦争終結以前に古賀十二郎が絵踏の名称、種類、開始の時期についての諸説、長崎地方における絵踏の実施と風俗等について紹介し[32]、岡田章雄は絵板についての綿密な考証を行っている[33]。戦後になって片岡弥吉は、はじめて絵踏を概括的に紹介し、キリシタン弾圧の極致というべきもので、立ち帰りを阻むための中心的政策であるとした[34]。片岡はあくまでもキリシタンにとっての絵踏の持つ意味に焦点をあてている。筆者もキリシタンにとって、絵踏の持つ意味は重いものであったろうと思うが、絵踏は幕藩制国家の推進したキリシタン禁制の一環であり、弾圧によってキリシタンが表面上は一掃された後も幕藩制崩壊まで厳存し続けたのだから、「キリシタンにとっての絵踏」という視角のみでは語れないのではないかと考えている。

そして二〇一八年、絵踏に関する初めての本格的・包括的な研究である安高啓明『踏絵を踏んだキリシタン』[35]が刊行された。安高は、キリスト教伝来当初から近・現代に至る絵踏および踏絵について取り上げている。筆者が特に興味深かったのは、寛文九（一六六九）年に長崎奉行所が真鍮踏絵を

30　同右一号、四号。
31　遠藤周作『沈黙』（『遠藤周作文学全集』一三、新潮社、二〇〇〇年）。
32　古賀十二郎『長崎市史風俗編』（一九三五年）。
33　岡田章雄「踏絵について」（キリシタン文化研究所編『キリシタン研究』第二輯、吉川弘文館、初版一九四四年、第二版一九七六年）。
34　片岡弥吉『踏絵——禁教の歴史』（ＮＨＫブックス、日本放送出版協会、一九六九年）。
35　安高啓明『踏絵を踏んだキリシタン』（吉川弘文館、二〇一八年）。

鋳造したことによって、絵踏の性格的変容が生じた点である。踏絵を鋳造した萩原祐佐たちはキリスト教に対する知識が乏しく、この真鍮踏絵による絵踏はキリシタンの心的負担を減少することになったのである。

なお安高は絵踏を行っていた地域と藩について、長崎奉行所より踏絵を貸与された地域・藩と自前の踏絵を所持する藩に分けて図表を提示している。これに加えて、単発的に絵踏を行った地域と絵踏が制度化された地域、さらには幕府・長崎奉行との関係についても追究していく必要があろう。例えば安高も指摘している会津藩では、寛永二〇（一六四三）年に保科正之が入部した際に、蔵入地において「本尊を為踏」、すなわち絵踏によってキリシタンを穿鑿している。[36] この時の踏絵がどのようなものであったかは不明であり、その後絵踏が実施されたという記録はない。また岡山藩でも、寛永九（一六三二）年に池田光政が入封し、キリシタンの穿鑿が行われた。そして寛永一一・一二年には「御影をふミ」と絵踏が行われ、「二色之誓紙」（日本誓詞と南蛮誓詞）を提出させられ、転びキリシタンの転びが確認されている。[37] ここで用いられた「御影」がどのような物であるかは不明だが、その後、岡山藩では絵踏が制度化されることはなかった。そして、会津藩や岡山藩における絵踏の実施と幕府との関係は不明である。

また長崎奉行が、どのように九州におけるキリシタン禁制に関わったのかについても考察する必要があろう。島原・天草一揆勃発時に、長崎奉行二名は長崎に駐在していなかった。そのために、九州諸藩は豊後府内目付のもとに急使を送り、指図を求めている。豊後府内目付とは、元和九（一六二三）年に豊後に配流された越前宰相松平忠直の動静監視のために置かれたものである。九州諸藩の急使に対して、府内目付は江戸および大坂に急使を立てている。一揆終焉後の寛永一五（一六三八）年一一月一〇日、馬場利重・大河内正勝が長崎奉行に任命され、一年おきに長崎に下向するように命ぜられ、以後常駐となり、[38]長崎奉行は、キリシタン禁制政策を含む幕府の九州支配の要となっていく。しかし九州諸藩への影響力は、絵踏も含めて格差があった。絵踏を実施しなかった藩や、実施しても長崎奉行所から踏絵を借用しなかった藩など多様であった。これらの点について今後、検討していく必要があろう。

それではこの問題について、豊後臼杵藩を例に挙げて検討していこう。臼杵藩における絵踏の開始は、寛永一一（一六三四）年頃である。正保三（一六四六）年八月五日付「ころひきりしたん宗門御改に付御請状之事」には、宮川内村助左衛門について慶長一九（一六一四）年に転び、浄土真宗妙正寺の檀家となり、その後キリシタンに立帰ることはなかったが、寛永一一年の宗門改の時に「絵形」を踏んだと記されている。[39]また藩内有数のキリシタンが多く存在した野津地域では、寛文五（一六六五）年二月二〇日付「吉利支丹子孫御改帳」に、前河内村惣兵衛について次のように記されている。惣兵衛とその親監物夫婦は「古吉利支丹」であったが慶長一九年に転び、禅宗妙落寺（後に板屋村に移り普現寺と称した）の檀那になり、寛永一二年の宗門改の時に「きりしたん仏」を踏んだとあ

36　『家世実紀』巻之二六（『会津藩家世実紀』第一巻、吉川弘文館、一九七五年）。
37　『池田文庫』（岡山大学附属図書館所蔵、早稲田大学図書館所蔵『池田文庫藩政史料マイクロ集成』）。
38　清水紘一「近世初頭長崎奉行の一考察」（『中央史学』創刊号、一九七七年）。
39　マリオ・マレガ『豊後切支丹史料』（サレジオ会、一九四二年）。

る。[40] このように、慶長一九年段階で転んだキリシタンが二〇年後に初めて絵踏を行なっている。つまり両人にとっては、絵踏は転ばすためや転びの確認のために行われたのではなく、転んでからかなりの期間を経た後に実施されたものであった。

さらに臼杵藩で絵踏が制度化されるのは、延宝年間（一六七三―八一）であった。豊後では万治・寛文期（一六五八―七三）に、大規模なキリシタンの露顕が起きた。この露顕は、幕府領、熊本・岡・臼杵藩領が入り交じる鶴崎地域で起きており、キリシタンが多く存在した野津地域では起きていない。[41] この露顕の最中の寛文四（一六六四）年一二月、臼杵藩は「吉利支丹御穿鑿之儀」について、長崎奉行黒川与兵衛正直に指示を仰いでいる。黒川は、踏絵板を長崎奉行所より借用し、領民すべてに絵踏を実施するように勧めている。しかし臼杵藩で絵踏が開始されたのは一〇年以上後の延宝三（一六七五）年正月であり、同五年には長崎奉行所より銅板踏絵を借用するようになり、以後絵踏が実施される対象は拡大していくのである。

このように絵踏制は、万治・寛文期のキリシタンの露顕を契機として、長崎奉行所（ひいては幕府）の指示・介入のもとに制度化された。そしてこの絵踏制は、臼杵藩にとっていわゆる初期藩政改革と深く関わっていた。延宝元（一六七三）年八月二一日、稲葉景通が家督を継ぎ、第五代藩主となった。翌二年五月に藩主として初めて帰藩すると、藩政改革に着手した。その内容は支配機構を確立し、量制を統一して年貢徴収の基準を画一化し、「平シ免」（四ツ）を定めて給人の地方知行権を形骸化した。いわゆる「初期藩政改革」であり、これとほぼ同時並行して絵踏制が完成し、藩権力自体が全領民を直接掌握する役割の一環を担ったといえよう。なお臼杵藩と同様に寛文期にキリシタンの露顕が起きた尾張藩でも、初期藩政改革とキリシタン禁制政策が並行して行われている。

おわりに

寛文三（一六六三）年五月に武家諸法度が改正され、この時に初めてキリシタン禁制の箇条が加えられた。寛文期には表面上はキリシタンは姿を消し、また対外的危機は去りつつあった。このような段階で、キリシタン禁制は確立したのである。すなわち、幕府と諸大名との力関係によって多様な差異はあるが幕府においては諸大名への支配と、また諸大名においては領民支配機構の強化と密接に関わりあっていた。

すなわち、キリシタン禁制の確立はキリシタンを宗教の問題としてではなく、支配機構の一環として位置付ける側面があったとも考えられる。この事は、現在に至るまで日本人の宗教意識に多大な刻印を与えているのではないだろうか。

40　『野津町誌』（一九六五年）。
41　『大分市史』（一九八七年）。

第三章　キリシタン禁制史の研究状況と課題

清水有子

はじめに

本稿はキリシタン禁制史の先行研究を整理し、現在の課題を見出すことを目的としている。キリシタン禁制とは、キリシタンを禁止するために統一政権や江戸幕府が設けた諸法令・制度を意味する。キリシタンとは、「日本史的術語であり、厳密には一六世紀以来、一八七三（明治六）年二月の、いわゆる『切支丹禁制高札』撤去までの間における日本カトリック」[1]のことである。

なお字数の関係もあり、本稿では研究状況に大きな変化のあった一九六〇年代から二〇一〇年代前

1　海老沢有道『日本キリシタン史』（塙書房、一九六六年）一七頁。

半に対象を限定し、この間の主要な単行の学術研究書と論文を中心に検討することにしたい。[2]

一、先行研究の整理

(一) 海老沢有道の問題提起(一九六〇年代後半~七〇年代前半)

キリシタン史を牽引した海老沢有道は多数の論著を残したが、[3]総括的研究となる『日本キリシタン史』(塙書房、一九六六年)で、「キリスト教の布教に伴う日本の社会や伝統思想との接触面の分析・把握という歴史的課題において未熟」であるとの問題を指摘し、キリシタン史研究は「内的闘いの精神史的把握の集積と、外的諸条件の史的分析、そしてまた、その内外の、個と社会との相互間の接触・対決・克服、ないし高次元における触発の過程の分析と綜合」を目指すべきとした。またかかる視点に立つ海老沢自身は、キリシタン伝来の意義を「日本の近世的因子が刺激を受けたこと、またそれを拒否することにおいて封建体制の樹立と維持が、少なくとも強化されたこと」とした。キリシタン禁制史は世界史的課題としてだけではなく、日本史的課題として追究されるべきだとの問題提起がなされたことになる。

キリシタン史を大きく前進させた松田毅一もまた、「キリシタンの衰退と消滅」(『キリシタン研究第二部　論攷篇』風間書房、一九七五年)で、キリシタンは「日本史の観点から」五期に区分しうるとし、キリシタン信仰は一七世紀中期にひとまず消滅しており、二五〇年間不変であったわけではないとした。宣教師ではなく信徒に焦点を移し、日本史の枠組みでキリシタン史を内的に捉え直そうという視点の転換が意識されている。キリシタン禁制史に関していえば、幕藩制国家の不可欠な構成要素としてだけではなく、日本人の信仰とのかかわりにおいて研究の意義が示されたといえる。

一方幕藩制国家論に大きな関心を寄せたこの時期の日本近世史の分野では、山口啓二「日本の鎖国」(『岩波講座世界歴史』一六、岩波書店、一九七〇年)、朝尾直弘「鎖国制の成立」(『講座日本史』四、東京大学出版会、一九七〇年)、深谷克己「殉教の論理と蜂起の論理」(『思想』五六五、一九七一年)、中村質「島原の乱と鎖国」(『岩波講座日本歴史九　近世一』一九七五年)が、鎖国を完成させた島原・天草一揆の歴史的意義を重く見、幕藩制国家のキリシタン禁制が大名・農民統制に重要な役割を果たしたと指摘した。いずれも前述の海老沢の「(キリシタンを)拒否することにおいて(日本の)封建体制の樹立と維持が、少なくとも強化された」との見解と、大枠で一致を見たといえる。

このようにキリシタン禁制の機能・役割が注目される中、清水紘一は「慶長一七年キリシタン禁止令の一考察——家康政権とキリシタン宗門」(『キリシタン文化研究会』一五—一、一九七二年)で、通説的見解であった慶長一七年＝直轄領向け禁令説を否定し、統一政権が段階的に発した個別の禁令

2　概説書、普及書は必要に応じて取り上げた。戦前を含めた研究史に関しては、加藤榮一『幕藩制国家の形成と外国関係』(校倉書房、一九九三年)二六三頁以下、清水紘一『織豊政権とキリシタン——日欧交渉の起源と展開』(岩田書院、二〇〇一年)七頁以下、村井早苗『キリシタン禁制の地域的展開』(岩田書院、二〇〇七年)九頁以下を参照して頂きたい。

3　立教大学史学会「海老沢有道先生追悼：海老沢有道先生略歴・著作目録(抄)」(『史苑』五三—二、一九九三年)。

にはなお解釈に検証の余地があることを示した。

しかし当該時期のキリシタン研究は史料環境に問題があり、とくに教会関係文書の大部は、後年に編纂・公刊されたものなど、二次的史料に依拠せざるをえなかった。[4] この史料的制約がネックとなり、キリシタン禁制は日本近世史上の重要問題とされながらも議論を支える実証面での基礎的研究に乏しく、「キリスト教の布教に伴う日本の社会や伝統思想との接触面の分析・把握という歴史的課題」は、次代に持ち越されることになった。[5]

（二）史料問題の克服と日本近世史研究との接続（一九七〇年代後半〜八〇年代）

上記の史料問題を克服しキリシタン史が他分野でも注目される画期をなした研究は、高瀬弘一郎『キリシタン時代の研究』（岩波書店、一九七七年）である。高瀬は一次史料であるイエズス会の原文書に立脚してイエズス会の貿易活動等の世俗的側面を解明し、それまで宗教学的関心が主流であったキリシタン史のイメージを大きく変えるにいたった。[6] キリシタン禁制に関しては、統一政権の貿易政策と不可分であることや、イベリア両国の海外征服事業（領土拡張運動）への対抗的措置であるとした。後者をめぐる近年の議論については後述したい。

五野井隆史『徳川初期キリシタン史研究』（吉川弘文館、一九八七年、増補版一九九二年）もまた、豊富なイエズス会原文書を活用して徳川初期禁教令の発令過程の詳細を明らかにし、あわせて禁教下のイエズス会士の動向、日本イエズス会内部の人的構成や[7]宣教上の役割を解明した。

高瀬と五野井の研究は、イエズス会文書を社会経済史や政治史的観点で活用した新規性とともに、その日本語訳文を多量に紹介したことにも大きな意義があったといえる。このほかイエズス会文書の翻訳に関しては、良質な写本原本を底本とした松田毅一・川崎桃太訳『フロイス　日本史』全一二冊（中央公論社、一九七七―八〇年）の刊行が特記される。(8) 以降もイエズス会文書の史料集の刊行は続き、(9) これらの成果がキリシタン史だけではなく、織豊期～近世初頭の政治史や対外研究史分野に大きく貢献したのは言うまでもない。

4　五野井隆史「キリシタン史研究の現状――欧文史料による研究を中心に」（同『日本キリシタン史の研究』吉川弘文館、二〇〇二年）。

5　例外として松田毅一『近世初期日本関係　南蛮史料の研究』（風間書房、一九六七年）、H・チースリク『芸備キリシタン史料』（吉川弘文館、一九六八年）がある。当該時期としては驚異的な研究水準を示している。

6　とりわけ対外関係史研究に多大な影響を与え、加藤榮一は高瀬説を引用し、イベリア両国間の抗争が修道会の宣教を通じて日本の禁教政策へ影響を与えたとした。同編著『鎖国』（有斐閣、一九八一年）。

7　この問題に関して先行するH・チースリク『キリシタン時代の邦人司祭』（キリシタン文化研究会、一九八一年）は、禁制史研究上重要な基礎的研究である。

8　従来はドイツ語訳本の重訳本（東洋文庫版）に依拠せざるを得ない状況であった。

9　高瀬弘一郎・岸野久訳『イエズス会と日本』全二冊（大航海時代叢書第Ⅱ期、岩波書店、一九八一・八八年）はイエズス会の内部文書八九点を翻訳・紹介した。一九八七年以降は松田毅一監訳『一六・七世紀イエズス会日本報告集』全一五冊（同朋舎出版）が出版され、欧州諸国で刊行された「イエズス会日本年報」や書簡集の現代語訳文をまとめて読むことができるようになった。さらに一九九一年には東京大学史料編纂所が『日本関係海外史料　イエズス会日本書翰集』（訳文編・原文編）の刊行を開始し、初期の日本イエズス会文書に関しては原文書を含む最良の底本を用いた日本語訳文を利用できるようになった。

禁制史の個別論考も多数発表された。清水紘一は宗門改め役、寺請制度、豊臣秀吉・徳川家康・秀忠の禁令、訴人褒賞制度に関する単行論文を発表し、基礎的事実の解明を進めたが、[10]一九八一年刊行の同『キリシタン禁制史』(教育社)には、「キリシタン禁制史については、研究の蓄積が少なく鎖国の諸問題や伝統宗教・近世封建制とのかかわりのなかで、なお十分解明されているとはいえない」(二五頁)との指摘が見える。

しかしこの前後、前述した史料環境の改善も手伝い、近世史研究者側からキリシタン禁令に関する論考が発表されるようになった。とくに豊臣秀吉の伴天連追放令に関しては、前日の六月一八日付法令文書を偽文書ではないかと論じた三鬼清一郎「キリシタン禁令をめぐって」(『日本歴史』三〇八、一九七四年)を契機に、煎本増夫「キリシタン禁制研究ノート」(『日本歴史』三三八、一九七六年[11])、岩澤愿彦「豊臣秀吉の伴天連成敗朱印状について——天正一五年六月一八日付朱印状の批判」(『国学院雑誌』八〇—一一、一九七九年[12])、三鬼清一郎「キリシタン禁令の再検討」(『キリシタン研究』二三、一九八三年[13])、平井誠二「『御朱印師職古格』と山田三方」(『古文書研究』二五、一九八六年)、安野眞幸『バテレン追放令——一六世紀の日欧対決』(日本エディタースクール出版部、一九八九年)と議論が続いた。この過程で一八日令の別写本の発見もあり、その実在は認められたが、伴天連追放令を含めた法令解釈の点では一致を見なかった。

一方、キリシタン民衆の信仰実践に関しては、片岡弥吉『日本キリシタン殉教史』(時事通信社、一九七九年[14])で詳細が解明された。下層民の宣教に力を入れたとされる托鉢修道会系の殉教報告書も相次いで邦訳が発表された。[15]海老沢有道『キリシタンの弾圧と抵抗』(雄山閣出版、一九八一年)

は、絶対者デウスへの信仰により封建的隷属からの脱却を志向したキリシタン民衆の抵抗（殉教）を描き、封建支配者の対決は避けられなかったと論じた。このためにキリシタンは、邪宗門＝反国家的宗門として、すなわち「国是」として弾圧されることになったのであり、秀吉・家康は「神国」の治者として自らの統治を正当化し、これにより全民衆を思想的・政治的に吸収・統制したとする。キリシタン禁制の国家的機能や役割はこの海老沢説でほぼ説明されたと考えられるものの、後年の研究と比較すると、〈支配者―民衆〉の二項対立で描かれるその民衆像は、部分的であるようにも見える。後述するように民衆は、禁制を支えた封建社会の構成員でもあるのだが、その論理はなお検討される段階ではなかった。

10　「宗門改役ノート」（『キリスト教史学』三〇、一九七六年）。「寺請制度について――特に安永享和年間の寺檀関係を中心として」（『キリシタン文化研究会会報』一八―一～二合併号、一九七六年）。「元和二年土佐漂着スペイン船の処遇について――外国船平戸長崎集中令発令前後の一状況・附同関係史料」（『京都外大研究論叢』一七、一九七七年）。「禁教政策の展開」（中田易直編『近世対外関係史論（増補版）』有信堂、一九七九年）。「キリシタン訴人褒賞制について」（『キリシタン研究』一九、一九七九年）。

11　後年、煎本増夫『江戸幕府と譜代藩』（雄山閣出版、一九九六年）に再録。

12　後年、『日本古文書学会論集一一　近世一』（日本古文書学会編、吉川弘文館、一九八七年）に再録。

13　後年、三鬼清一郎『豊臣政権の法と朝鮮出兵』（青史出版、二〇一二年）に再録。

14　『片岡弥吉全集』全三巻（智書房、二〇一〇―一一年）として復刊されている。

15　『モレホン日本殉教録』（佐久間正訳、キリシタン文化研究会、一九七三年）。『オルファネール日本キリシタン教会史』（井手勝美訳、雄松堂書店、一九七七年）。『コリャド日本キリシタン教会史補遺』（井手勝美訳、雄松堂書店、一九八〇年）など。

次に注目すべきは、村井早苗『幕藩制成立とキリシタン禁制』（文献出版、一九八七年）である。村井は外国語史料が不足する寛永期（一六二四―四四年）以降のキリシタン禁制を、「幕藩制国家史の中に正当に位置づけなければならない」と問題提起し、豊後臼杵藩の藩政史料を用いて禁制の展開を跡付けた。キリシタン禁制の意義については、近代日本の民衆の宗教意識に影響を残したことにあったとする。同著は日本側の一次史料を活用し、キリシタン禁制を中央集権化の梃子とした朝尾説を積極的に取り入れるなど、いわば近世史研究の手法でキリシタン禁制史を論じ、画期的であった。従来は個別的であった日本近世史とキリシタン史双方の成果を有機的に連携させ、両者の議論の土台を構築した意義は大きい。

以上を小括すると、当該時期はキリシタン研究の史料環境が大幅に改善され、キリシタン問題については、イエズス会の世俗的側面、内部の人的構成や背後にある大航海時代の国際環境の解明が、一方で日本近世史との接触面では、伴天連追放令を中心に禁教令の解明がそれぞれ進んだ。かかる研究状況のもと、キリシタン禁制は幕藩制国家の「国是」と評価され、その国家的機能の骨格が解明された。しかし個別の禁令に関する実証的研究は、史料の発見や読み直しが続き、なお蓄積の途上にあったといえる。

（三）「鎖国」研究とキリシタン禁制（一九八〇年代後半～九〇年代）

当該の時期には、江戸幕府の禁教令に関して、新出の日本側史料を紹介した藤井譲治「慶長一一年のキリシタン禁制の一史料」（『福井県史研究』一五、一九九七年）を得た。[16] また、日本近世史分野での「鎖国」をめぐる議論のなかでキリシタン禁制が取り上げられ、大きな進展が見られた。朝尾直弘は『将軍権力の創出』（岩波書店、一九九四年）を刊行し、その一章に前掲「鎖国制の成立」（一九七〇年）を入れ、キリシタン禁制は「国内統一を第一義とする統一権力が、国内の矛盾・対立を解決していく手段」であったとの考えを再説した。すなわち将軍権力は、東アジア世界の秩序再編――明帝国の解体とヨーロッパ勢力の編入で混とんとしていた――に対応し、貿易統制策とキリシタン禁制から成る鎖国政策を布いたが、キリシタン禁制はキリシタン対策というよりも、将軍権力が一向一揆（「百姓の運動」）を克服するための超越的権力となるべく、西国大名統制や貿易独占強化を目的として打ち出した、とする。ヨーロッパ植民の危機については現実的ではなく、将軍の国家主権としての自覚を促すにとどまったと指摘した。[17]

如上の朝尾説は長年にわたり近世史分野で多大な影響を与えたが、その一人荒野泰典は、鎖国にかわる「海禁・日本型華夷秩序」説を提唱した（『近世日本と東アジア』東京大学出版会、一九八八年）。荒野もまた、鎖国形成期の東アジア国際関係に登場したヨーロッパ勢力は変動の一要素であったとしながらも、「この段階では東アジア諸国・諸民族が相互に形成した国際関係や、それぞれの国家・民族の存在形態（身分制などの社会関係や政治的状況）に依拠・抵抗するかたちでしか定着でき

16　後年、藤井譲治『近世史小論集　古文書と共に』（思文閣出版、二〇一二年）に再録。
17　朝尾直弘『鎖国』（小学館、一九七五年）。

なかった」とし、「この点は一九世紀以降のヨーロッパ勢力が、東アジアの国際秩序を解体・再編しつつ定着したのと根本的に異なる」と指摘した。

荒野の議論で注目されるのは、キリシタン禁制を日本固有の政策としてではなく、「海禁」ゆえの、すなわち東アジアに共通する反応としてとらえた点である。すなわち明や朝鮮の海禁は倭寇の摘発・排除を目的としたが、日本の場合はキリシタン排除であり、外国船の長崎集中は、キリシタン禁制を「梃子」として実現したのだとする。(18)

このように朝尾以来、キリシタン禁制は本来のキリシタン対策としてではなく、他の政治目的で利用されたという側面が重視されてきた。しかし山本博文は『鎖国と海禁の時代』（校倉書房、一九九五年）で、キリシタン禁制は貿易統制に優先した重要政策であるとした。すなわち、幕府はキリシタン問題をめぐるポルトガル、スペインへの軍事的対処として沿海防備体制を構築し、鎖国・海禁はそうしたキリシタン対策の積み重ねで生まれた国家体制であったとする。(19)山本は同説をオランダ史料を用いて動態的に論じ、従来のやや機能論的に理解されてきたキリシタン禁制に、大きな修正を迫ったといえる。同著でキリシタン禁制の本質を対大名政策とした点には疑問が残るが、朝尾以来のキリシタン禁制＝梃子説を見直し、幕藩制国家の根本政策・体制であることを示した点は画期的であった。

それでは、なぜキリシタン禁制はかくも幕藩の支配者にとり重要であったか。この問題については、次代の諸研究が解明を進めることになる。

キリシタン禁制の終焉にかかわる研究としては、禁教高札撤去問題を取り上げた家近良樹『浦上キリシタン流配事件——キリスト教解禁への道』（吉川弘文館、一九九八年）が特筆される。家近は日本側史料を読み直し、禁教高札撤去で浦上キリシタンが果たした役割を評価して、従来の外圧説に一石を投じた。

（四）織豊期のキリシタン禁制とキリシタン民衆・地域への着目（二〇〇〇年代）

二〇〇〇年代は織豊期の政治状況とキリシタン民衆が新たに注目され、キリシタン禁制史の研究対象が拡大した時期である。村井早苗は『天皇とキリシタン禁制――「キリシタンの世紀」における権力闘争の構図』（雄山閣出版、二〇〇〇年）で、研究史上はじめて同テーマを正面から取り上げ、正親町天皇のキリシタン追放令を、天皇自身の政治的動向として論じた。同書は戦国期の天皇権威を再評価した今谷明の学説を援用し、日本中近世史分野からも大きな注目を集めた。正親町天皇の追放令は、天皇を権威の源泉とする関白秀吉、征夷大将軍家康の禁教令との継承関係上極めて重要であるが、村井以降研究は進んでいない。

清水紘一『織豊政権とキリシタン――日欧交渉の起源と展開』（岩田書院、二〇〇一年）は、既出の高瀬説ではイベリア両国の侵略的性格が近世日本（幕藩体制）へ与えた規定性は不明であるとして、織豊政権のキリシタン保護令や禁教令の発令状況を詳細に検討した。そのうえで近世日本と「き

18　同書一二六頁。
19　山本博文『寛永時代』（吉川弘文館、一九八九年）。

りしたん国」（イベリア初期絶対王政）に共通する歴史的原則は、「領主の宗教・領民の宗教」原則にあるとして、「それぞれの君主が奉じた宗教上の真理（ないし原理）を、支配下の民（または「支配外の民」）に及ぼそうとする権力意思が、鮮明に看て取れる」と指摘した。キリシタン禁制は近世という時代に特有の、国家と宗教をめぐる政治運動の一環であったこととなる。

一方高木昭作『将軍権力と天皇――秀吉・家康の神国観』（青木書店、二〇〇三年）は、キリシタン禁令をうたった豊臣秀吉国書の神国観を分析し、対外関係・国内統治を包摂する将軍権力は、神国イデオロギーで武威による統治を補う必要があったと指摘した。これまでもキリシタン禁制のイデオロギー的側面と、それが将軍権力の統治に不可分であったことは論理的に指摘されてきたが、高木は秀吉文書の分析を通してこの点を実証したことになる。

キリシタン史の分野では、大橋幸泰『キリシタン民衆史の研究』（東京堂出版、二〇〇一年）がキリシタン民衆に焦点をあて、一六三〇年代～六〇年代にかけて民衆政策としての宗門改め制度が展開された過程を描き出した。キリシタン禁制は島原天草一揆以降、「伴天連」対策からキリシタン民衆対策へと転換したこと、豊後崩れを幕府の梃子的政策とみる村井の「演出された露見」説を否定し、崩れはキリシタン民衆に対する幕府の現実的な危機意識に裏付けられたものであること等が明らかにされた。前項の山本博文説は補強されたかたちとなる。

さらに、川村信三『キリシタン信徒組織の誕生と変容――「コンフラリヤ」から「こんふらりや」へ』（教文館、二〇〇三年）が発表され、ヨーロッパと日本をつなぐ接続因子としてキリシタンの信徒信心組織（コンフラリヤ）に光が当てられ、その日本的な変容の様相が真宗との比較で明らかにされた。大橋の論著とあわせて、日本では教会ではなく民衆主体の「キリスト教界」が発達した様相が明らかにされ、キリシタンが民衆宗教であることのイメージは、さらに深まったといえる。

一方村井早苗は『キリシタン禁制の地域的展開』（岩田書院、二〇〇七年）を発表し、キリシタン禁制の成立を「近世社会に生きる人びとにとっていかなる意味をもったか」という観点で地域毎に詳細に論じた。[20] 同著でも禁制は日本人の宗教意識を希薄にしたとの意義やキリシタン禁制＝梃子説は再説された。すなわち、寛永期以降にキリシタンはほぼ一掃されたにもかかわらず、禁制の地域的偏差が解消され足並みをそろえた理由は、諸藩の「自分仕置権」が禁制を理由に否定され、幕府が「公儀」として諸藩に対して権力の集中を図ったためとする。山本・大橋批判に対しては、寛文期にキリスト教だけではなく宗教全般について民衆の宗教意識を抑圧する政策が打ち出されているので、キリシタンへの脅威は「減少・変質」したとみるべきだと反論した。キリシタン対策を幕府の民衆統制策の一環として、他宗教の動向を視野に入れ見直すべきことを提起したのであり、この点は極めて重要

20　村井は同著で①「迫害と殉教」の物語から脱却し、②キリシタンの問題を日本近世国家史研究のなかに正当に位置づけ、キリシタン史それ自体で自己完結させるのではなく、キリシタン研究を日本近世史研究者の共有財産として提出することを同著で提言している（一二頁）。蛇足ではあるが、①については村井ほかの研究者による貢献によって、ほぼ克服された段階にあると考える。しかし迫害当初から宣教師間で流布したこの「迫害と殉教」の物語自体にも、重要な歴史的意義が認められるのではないだろうか。この問題に関して、山本博文『殉教――日本人は何を信仰したか』（光文社、二〇〇九年）、小俣ラポー・日登美「日本の「殉教」とグローバル・ヒストリー――日本が西欧の歴史に内在化する時」（日仏東洋学会編『通信』四二、二〇一九年）。

である。[21]

論文集として刊行された五野井隆史『日本キリシタン史の研究』（吉川弘文館、二〇〇二年）所収の「キリシタン迫害の展開と本質」は、宣教師史料を中心に迫害の展開をあとづけ、封建制の成立・維持のため利用された「禁教」の歴史的意義は、①外国人宣教師たちの日本（異文化）への適応を促し、②九州地方のキリシタンの信仰を深め長期にわたる潜伏を可能にした、の二点にあると独自的な見解を示した。同論文で注目されるのは、宣教師による寺社破壊が、最初に庶民や武士の「神国」思想を刺激し、伴天連追放令に継承されたのではないか、という主張である。禁教の背景に国内の社会的要請の視点を取り入れた、最初の論文ではないだろうか。また同著所収「統一権力とキリシタン」では、イエズス会宣教師が日本の禁教・迫害の本音を幕府のキリスト教＝奪国観による「国是」とし、「神国」は禁教の口実と捉えたこと等を明らかにしたが、この点については次節で触れたい。

最後に注目するのは、キリシタン民衆と禁教令に新解釈を提示した神田千里『島原の乱――キリシタン信仰と武装蜂起』（中央公論新社、二〇〇五年）である。神田は島原・天草一揆の際にキリシタン民衆が武力で改宗を強制したことなどを指摘し、一揆の本質は経済闘争や宗教闘争ではなく「日本宗」とキリシタン間の宗教戦争にあったとした。この対立構図を為政者の禁教令にも見ることについては疑問が残るが、[22]先の五野井論文と同様に、禁制の社会的背景が指摘されており、注目される。

キリシタン禁制の終焉に関しては、鈴江英一『キリスト教解禁以前――切支丹禁制高札撤去の史料論』（岩田書院、二〇〇〇年）が、禁教高札撤去はキリスト教解禁といえず、その後の黙許期間を経て、「大日本帝国憲法」で一応の解禁に到ると論じた。法令の受け取り手の反応よりも発令主体である政府側の趣旨を重視した見解であるが、禁教高札撤去が禁制史上重視されるゆえんは、事実上の解禁と受け取った前者の反応があったからであるようにも思える。[23]

小括すると当該時期は一〇年という短期間に、織豊期の禁令とキリスト教界を形成したキリシタン民衆の具体的様相が解明され、大きな前進が見られた。前代までのキリシタン禁制の二項対立的な構図〈為政者―民衆〉は相対化され、より多角的にキリシタン禁制は検討される段階に入った。

（五）東アジアのイベリア両国とイベリア・インパクト論（二〇一〇年代前半）

続く二〇一〇年代前半は、一転して対外関係史からのアプローチが増えた。論点は①東アジア世界におけるイベリア両国との交流・外交関係、②イベリア両国が豊臣政権へ与えた影響力、③「近世化」論を念頭に置いたヨーロッパ、東アジア諸国との比較史、の三点に整理される。

21　ただし寛文期にキリシタンは、幕藩権力から最も警戒されたことに間違いはなく、脅威は「減少」していないと筆者は考える。

22　拙稿「豊臣秀吉政権の神国宣言――伴天連追放令の基本的性格と秀吉の宗教意識を踏まえて」（『歴史学研究』九五八、二〇一七年）。

23　とはいえ鈴江の、為政者側の意図を史料から汲み取る手堅い実証の手法に学ぶべきことは多い。近年の奈倉哲三「江戸版『太政官日誌』の刊行開始期と「五榜の掲示」第三札の修正」（Website 版「『太政官日誌』を対象にした史料学の構築と戊辰戦争期の社会文化論に関する学際的研究」二〇一三年）もまた、解禁過程の一コマである第三札「切支丹邪宗門」の文言修正を政府内部で決定した時期を、緻密な検証で見直した成果であった。

まず①では、岡美穂子『商人と宣教師　南蛮貿易の世界』（東京大学出版会、二〇一〇年）が、一六世紀後半～一七世紀前半の東アジア海域におけるポルトガル人の日本貿易（南蛮貿易）の実態を明らかにした。本書はマカオを拠点としたポルトガル商人の約半数は改宗ユダヤ人であり、国家とは一定程度自立した存在であったこと、このためにポルトガル本国や日本との調停者としてイエズス会とは密接不可分な関係が構築されたが、幕府は一六三四年の「サントス事件」でその関係に気づいたため、最終的に一六三九年のポルトガル船渡航禁止令の発出にいたったとする。拙著『近世日本とルソン――「鎖国」形成史再考』（東京堂出版、二〇一二年）は、一六世紀後半から一七世紀前半のフィリピン・ルソン島のスペイン勢力と日本との交流関係を取り上げ、禁教令に抵抗しルソンから密入国した宣教師や、彼らを補助した日本のキリシタン商人の自律的な行動が、「鎖国」の形成に影響を与えたと論じた。以上の二研究はともに、教会史料だけではなくマカオやマニラで実際に日本と接触した世俗のイベリア両国人の手による一次史料を検討し、東アジア世界・海域がイベリア両国に与えた歴史的規定性を示した共通の特徴がある。高瀬説を代表とするキリシタン禁制の対立構図〈幕府―イベリア両国〉に対して疑問を呈した形になる。

しかし一方②で、高瀬説を支持する研究が次々に発表された。平川新の「前近代の外交と国家――国家の役割を考える」（『近世史サマーフォーラムの記録（二〇〇九）　帝国の技法――個から迫る歴史世界』二〇一〇年）[24]は、上掲高瀬の著作を根拠にイベリア両国が東アジア世界の征服を意図したとの理解に立ち、豊臣政権はそれへの強い対抗意識を抱いたために伴天連追放令を発令し、東アジア世界を征服しようとしたとの見取り図を描いた。

この平川説を全面的に取り入れたのが深谷克己『東アジア法文明圏の中の日本史』（岩波書店、二〇一二年）であり、豊臣政権がイベリア両国の軍事的圧力を感知して「中華皇帝化」願望を急速に膨らませ、朝鮮侵略戦争にいたったと論じた。そしてイベリア両国が近世日本に加えた政治的・社会的圧力の「衝撃」を近代のウエスタン・インパクトになぞらえ、「イベリア・インパクト」とよんだが、同説に関しては次節で後述したい。

③は清水光明、吉村雅美の論考により新たに切り拓かれた、注目すべき論点である（いずれも清水光明編『「近世化」論と日本――「東アジア」の捉え方をめぐって』勉誠出版、二〇一五年所収）。日本のキリシタン禁制が東アジアやヨーロッパを含めた近世を理解するための切り口として分析されており、今後の進展が期待される。

またこの間のキリシタン史研究では折井善果『キリシタン文学における日欧文化比較』（教文館、二〇一〇年）、川村信三『戦国宗教社会＝思想史――キリシタン事例からの考察』（知泉書館、二〇一一年）が発表されたが、いずれも真宗との比較で日本人のキリシタン信仰の受容状況を論じた点に注目しておきたい。

以上のように、キリシタン禁制史は海老沢の問題提起以来、①近世日本の国家体制（幕藩体制、「鎖国」）を形成・維持した主要政策・法体制であること、②キリシタン禁制は幕藩制国家の「国是」

24　のち『日本史学のフロンティアⅠ　歴史の時空を問い直す』（荒武賢一朗・太田光俊・木下光生編、法政大学出版局、二〇一五年）に改稿文を収録。

であり、イベリア両国の侵略性に対抗する言説・体制が布かれたこと、③近世を通じて民衆統制策としてあらわれたこと、④このため日本人一般の宗教意識に大きな変化を与えたこと、⑤近世社会にはキリシタン禁制を支えた側面も見出せること、等々が解明されてきた。

二、現状の課題

それでは、これらの成果を前にした我々が現段階で取り組むべき課題とは何であろうか。第一に、キリシタン禁制の成立要因をめぐる研究が最も充実しており、展開～終焉については蓄積が少ないことが問題となるが、前者はそれだけ重要かつ解決困難な課題であるともいえる。展開～終焉の問題に関しては別稿に譲り、本稿では、成立要因をめぐる諸課題を指摘するにとどめたい。

まず注目されるのは、イベリア・インパクト論の提起を契機に、キリシタン禁制を統一政権によるイベリア両国の侵略的動向への対抗とみなす学説が近年復活し、その是非をめぐる議論が見られることである。(25)そこでこの問題を足掛かりに、筆者がさしあたり必要と考えた論点四つを以下に示す。

第一にイベリア・インパクト論に関しては、武力侵略を是とする個々のフィリピン総督や宣教師の言動が重視されているが、問題とすべきは、それが東アジア世界で「実際にいかほどの影響力を持ちえたか」の点である。一般的に個々人の思想や見解は多様であるが、キリシタン時代の宣教師の中にもラス・カサスといった武力征服反対論者が出て、イベリア両国人と言っても決して一枚岩ではなかったことが知られている。それではこのように多様な見解のいずれが歴史学的に意味を持ってくるのかといえば、各人が属した組織体や政治社会の動向を反映している見解であろう。上長への絶対服従を会則とするイエズス会の場合、その日本宣教の方向性を決定するのは、直接にはイエズス会総会長であり、間接には、イベリア両国の国王、ローマ教皇となる。

したがって、この問題で重視すべきは、個々の宣教師や国家の役人の言動ではなく、彼ら上位者が定めた対日方針である。[26] まずは大方針となるこれらの最高意思を確認したうえで、当該時期に世界規模で推進されていたカトリック宣教の中で日本宣教の実態がいかに評価されうるかを考察する手順が踏まれるべきであろう。その手続きを欠く以上、この問題に関しては、例えばヴァリニャーノ個人に侵略を是とする思想があったか否かといった水掛け論に陥り、永遠に決着を見ないと思われる。

第二に、その先の段階として、キリシタン禁制が「イベリア両国の植民地化の脅威への対抗」ではないかとの観点で研究すること自体に、現状でもはや有効性を見出すことができない。なぜなら荒野説をはじめ先学は、近世の東アジア世界について、中国を中心とした政治貿易体制を介して東アジア諸国・諸民族間で国際関係が構築され、他世界とは一定の距離を保ちうる自律性を確立していた点を明らかにしてきたからである。これらの成果を継承し、イベリア両国の植民地化などほぼ実現性のな

25　拙稿「イベリア・インパクト論再考――イエズス会の軍事的性格をめぐって」（『歴史評論』七七三、二〇一四年）。平川新「スペインとポルトガルの日本征服論をめぐって」（『歴史評論』八一五、二〇一八年）。朴慶洙「イエズス会の日本「武力征服論」について――高瀬・平川研究の批判的検討」（『歴史』一三三、二〇一九年）。

26　少なくともイエズス会総会長とスペイン国王は軍事征服を禁止・否定していた。前掲注（22）拙稿および同「フェリペ二世の東アジア政策――スペイン帝国の海外情報収集と分析の特性」（『洋学』二五、二〇一八年）。

い状況で、[27]なぜ日本がキリシタン禁制を布くことになったかを議論するほうが、学問上生産的といえるのではないだろうか。

なお海老沢の指摘以来、日本の為政者が民衆思想統制政策の一環として「国是」の言説を強化した点についていては定説化している。[28]清水紘一と五野井隆史は、秀吉政権がイベリア両国の侵略云々を表明するのはスペイン船サン・フェリーペ号の漂着事件以降であり、その目的は、同船の積み荷没収を正当化し諸大名の朝鮮侵略戦争への不満を回避することにあったと明確に述べている。[29]この点のみを以てしても、キリシタン禁制をイベリア両国の侵略脅威への対抗であったとする学説はもはや成立しない。天正一八(一五九〇)年に天下統一したとはいえ、豊臣秀吉政権は盤石と言えるものではなく、とりわけ晩年は長期化する対外侵略戦争に勝利できず、不満の高まる足下の国内政治に関心を向けざるをえない状況であった。[30]そしてこのような不安定な内政情況は秀吉死後も継続し、幕藩制国家の形成にいたるまでなお関ヶ原戦、大坂の陣、島原・天草一揆といった混乱を経なければならなかったのは周知の通りである。

第三に、したがって、日本の為政者がキリシタン禁令を発令した原因に関しては、為政者が前後に対峙した国内事情を踏まえて検討することが肝要と考える。換言すれば、キリシタン禁制史は従来の教会史料だけではなく、近年進展の著しい戦国末期・織豊期・近世初期政治史研究の諸成果を取り入れ、国内史料を併用して研究する段階にある。[31]

それでは、いかなる観点で国内事情を踏まえるべきか。筆者は、近年の「戦国期宗教勢力」論に注目したい。安藤弥は「教えを信仰し、組織的に結集する人びとの集合体(社会集団)」を「宗教勢力」と定義し、戦国期は「宗教勢力」が「国家と民衆の双方向からの作用」を受け「自律的に」変化を遂げた、秩序変革の時期であったとした。[32] 最終的には、〈中心・正統〉にかつての異端であった一向宗・法華宗をも含む「新儀の八宗」[33]が定まり、新たな〈周縁・異端〉として、キリシタンや法華宗不受不施派が位置づけられたとする。[34]

27　同時代人の認識を確認しても、日本の軍事征服は現実的ではないとするものは多い。例えば一五八二年一二月一四日付、マカオ発、ヴァリニャーノのフィリピン総督宛て書簡（Archivo General de Indias（=AGI), Patronato 24, Ramo 57)。一六一〇年五月三日付、臼杵発、ロドリゴ・デ・ビベロのスペイン国王宛て書簡（AGI, FILIPINAS, 193, N.3）ほか。

28　海老沢有道前掲書『キリシタンの弾圧と抵抗』。

29　清水紘一前掲書『織豊政権とキリシタン』第三部第六章。五野井隆史前掲書『日本キリシタン史の研究』第二部第三章。

30　文禄年間の政情不安等、秀吉政権の負の側面については、河内将芳『落日の豊臣政権――秀吉の憂鬱、不穏な京都』（吉川弘文館、二〇一六年）に詳しい。

31　この問題について宣教師史料のみに依拠するのは危険である。例えばイエズス会日本管区長コウロスの、日本の禁教＝「国是」論、すなわち日本征服を阻止する目的があったという主張には、スペイン勢力が日本へ進出することへの批判が込められており、バイアスが認められるからである。五野井隆史前掲書『日本キリシタン史の研究』第二部第四章。

32　安藤弥『戦国期宗教勢力史論』（法藏館、二〇一九年）。同「戦国期宗教勢力論」（中世後期研究会編『室町・戦国期研究を読みなおす』思文閣出版、二〇〇七年）。

33　河内将芳『中世京都の都市と宗教』（思文閣出版、二〇〇六年）。

34　このように、元来日本の宗教勢力の一角としてキリシタンは位置づけられるゆえに、村井が指摘したように、この学説を援用すれば、「信徒組織」や「キリシタン大名領国」を形成したキリシタンもまた、「国家と民衆の双方向からの作用」を受けて一時期は一向宗と同様に戦国期宗教勢力として成長したが、ある時点で方向を違え、統一権力に「邪教」とみなされ日本社会の中で異端化したことになる。その要因を精査することが、キリシタン禁制の根源的な解明に結び付くのではないだろうか。なお安藤はキリシタンが「まったく異質な外来宗教」であったゆえに最終的に異端に位置づけられたとするが、イエズス会の日本適応政策を一因として一七世紀初頭の知識層にさえキリシタンは仏教の一派と誤解されており、[35] 教義面では真宗との類似性が指摘されている。したがって、一六世紀にはじまるキリシタンの異端化は、外来宗教ゆえの異質さのみでは説明しえないように思える。おそらく、法華宗不受不施派にも通じるキリシタン教団の社会的特性が、解明の鍵となるのであろう。そしてこの観点で先行研究を見直すと、禁制の最初期にあたる正親町天皇の追放令と秀吉の伴天連追放令は最近年の日本史側の研究成果が充分に反映されておらず、再検討の余地があると考える。

最後に、国内情況・政策の検討とともに現状で手薄と思われるのが、為政者の貿易政策の推移との関係である。東アジア世界におけるイベリア両国勢力の、貿易と宣教活動とを不可分とした商教一体的な対日姿勢を前に、日本の為政者が両国との貿易をどのように推進しようとしたかは、キリシタン禁制と鎖国の成立に関わる重要テーマであるが、その解明はなお進行中である。

例えば南蛮渡来の品々が間接的に取引されていたであろう織田信長の堺貿易や、豊臣政権のルソン貿易、博多基地化構想を含めた南蛮貿易政策については、いまだ不明な点が多い。とくに朝尾直弘が指摘した徳川家康の浦賀貿易構想は、[36] 全国的禁教令の発令に直接関わる重要問題であるにもかかわらず、正面から論じた研究はごく少数である。また家光政権についても、いわゆる最初の寛永鎖国令を打ち出した寛永一〇（一六三三）年前後に諸外国との貿易体制を再編する動きが見られるが、それとのかかわりで家光のキリシタン禁制を見直す余地はあると考える。(37)

おわりに

本稿では不十分ながら、キリシタン禁制史研究の近年の動向の一端を整理することにつとめた。そこから見出された禁制の要因をめぐる現状の課題をまとめると、第一に、日本宣教の最高指導者の意志と宣教現場の実態を踏まえて、東アジア世界における日本宣教の評価を見定めることである。第二に、現在は、イベリア・インパクト論の是非を論じるのではなく、国内政策の一環としての禁教令について、実証研究を蓄積する研究段階にある。第三に、具体的には戦国期に変革をとげていた国内の宗教勢力の一角にキリシタンを置き、正親町天皇と豊臣秀吉の禁教令を、宗教勢力対策の一環として捉え直すことである。第四に、統一政権の南蛮貿易政策についてもさらに研究を蓄積し、キリシタン

寛文期の禁教令と並行して他宗教の対策が打ち出される現象もまた、しかるべく生じたといえるだろう。

35　朝尾直弘「東アジアにおける幕藩体制」（同編『日本の近世一　世界史のなかの近世』中央公論社、一九九一年）六七頁。岡美穂子「キリシタンと統一政権」（『岩波講座日本歴史一〇　近世一』（岩波書店、二〇一四年）。

36　朝尾直弘前掲書『鎖国』。

37　詳しくは、拙稿「朝尾直弘『鎖国』の現在」（『日本歴史』六八八、二〇一九年）六八―七〇頁。

禁教令を出したその時々の政権の思惑が奈辺にあったのか、追究し続けることである。

以上のようにこれらの禁制要因の課題のみを検討しても、キリシタン禁制史は諸先学により論じ尽くされたように見えて、海老沢の問題提起に応じうるような、日本史側の研究成果を十分に取り入れた状況があるとは言い難い。筆者が思うにその根本的な要因は、その大部分が改善されたとはいえ、なお現在の史料環境に問題が残されているということである。とくに一七世紀以降は日本史研究者が参照しうる教会史料の多くは、刊行された「イエズス会日本年報」などの二次的史料のみであり、[38]当該時期の日本のキリスト教界に多大な影響を与えたスペイン系修道会士の手稿文書にいたっては、原文の入手さえままならない状況である。逆にキリシタン史研究者が、日本側史料に十分に踏み込んでいないという状況も認められるが、この点については難解な史料に充分な解説を付すなど、日本史研究側からの配慮も必要であろう。[39]困難であるとはいえ、まずはこれらの史料問題について、キリシタン史と日本史の双方から地道な改善を少しずつでも進め、史料を共有し議論を重ねていくことが、未来につながるのではないだろうか。

38　拙稿「イエズス会日本年報の活用をめぐって」（『歴史評論』八三四、二〇一九年）では、日本史研究における同史料の活用方法を考察した。

39　史料集の刊行も期待される。近年注目すべき史料集に、名古屋市博物館編『豊臣秀吉文書集』全七冊（吉川弘文館、二〇一五—二一年、続刊予定）がある。

第四章　属性論で読み解く潜伏キリシタンと村社会

大橋幸泰

はじめに

近年、潜伏キリシタンに関する研究が活発化している。二〇一八年、「長崎・天草地方の潜伏キリシタン関連遺産」がユネスコの世界文化遺産に登録されたが、その運動の中で先行したキリシタンのイメージと、研究によって明らかにされた実態の差異もうきぼりになっている。

代表的な研究として、宮崎賢太郎『カクレキリシタンの実像――日本人のキリスト教理解と受容』[1]、中園成生『かくれキリシタンの起源――信仰と信者の実相』[2]、大橋幸泰『近世潜伏宗教論――

1　宮崎賢太郎『カクレキリシタンの実像――日本人のキリスト教理解と受容』（吉川弘文館、二〇一四年）。
2　中園成生『かくれキリシタンの起源――信仰と信者の実相』（弦書房、二〇一八年）。

キリシタンと隠し念仏』[3]などがある。とりわけ、潜伏キリシタンの宗教活動について、キリスト教とは異質な宗教活動(宮崎賢太郎)か、神仏信仰との並存(中園成生)か、という論点が注目される。筆者の立場は後者の並存論に親和的である。

ところで近年、筆者が重視している方法の一つに属性論というのがある。一人の人物も一個の集団も、一つの属性だけで完結していないことを意識して歴史を見る方法である。一人の人間が、宗教的属性(キリシタン・非キリシタン・仏教諸宗派・鎮守など)や世俗的属性(村民・生業・百姓・被差別民など)を重層的に保持しているとともに、潜伏キリシタンが存在した地域においてもキリシタン単独で村社会は成立しない。属性論によってキリシタンを取り巻く村社会を読み解くと、何が見えてくるのか。以下、一八世紀末から一九世紀中期まで断続的に「異宗」事件が発生した、肥前国彼杵郡浦上村山里(幕府領)と肥後国天草郡今富村(幕府領、島原藩預かり地)を具体的な事例として検討する。

一、彼杵郡浦上村山里の村社会と諸属性

(一) 墓地における諸墓石の混在

寛政二(一七九〇)年に起きた浦上一番崩れ[4]の吟味の際、長崎奉行は長崎市中とその周辺寺院へ変形墓石の存在について調査を命じた。たとえば、長崎市中の延命寺が長崎奉行所に提出した「御請書之覚」には次のようにある。

一　当寺檀那死亡之人、石塔ニ別紙図面之通、形替り戒名年号等不相記、俗名を彫、或者右之形
　　ニ而一向無名之石塔茂有之哉之事
　　　此儀当寺檀家石塔相調子申候得共、右体形替石塔無御座候(5)

これによれば、戒名・年号などを記さない俗名の変形墓石、あるいは無名のままの石塔があるか、との長崎奉行所からの問いに対して、当寺ではそのような石塔はないと延命寺が回答したことがわかる。同じ時期に、類似の文書が他寺院からも提出されている。長崎奉行所は変形墓石の存在をつかんでいたからこそ、こうした調査を行ったと見るべきだろう。

実際、浦上村山里村民の墓地には、仏教式墓石の他に、野石を墓に見立てた墓石が混在していた。村民の多くが檀那寺としていた聖徳寺から長崎奉行所に提出された「乍恐口上覚」では、次のように

3　大橋幸泰『近世潜伏宗教論——キリシタンと隠し念仏』（校倉書房、二〇一七年）。

4　浦上村山里では、寛政二（一七九〇）年一番崩れ、天保一三（一八四二）年二番崩れ、安政三（一八五六）年三番崩れ、慶応三（一八六七）年四番崩れ、と呼ばれる「異宗」事件が発生している。四番崩れを除いて「切支丹」は存在しなかったという結論であった。しかし、四番崩れにおいて信徒たちの多くが自ら信仰を告白したという事実から判断すると、近世期を通じて潜伏キリシタンが存続していたことは確実である。一番崩れの詳しい経緯については、大橋幸泰『キリシタン民衆史の研究』（東京堂出版、二〇〇一年）を参照。

5　寛政六年閏一一月付、長崎奉行所宛、延命寺「御請書之覚」（長崎歴史文化博物館蔵長崎奉行所関係史料、11/171-1/186）。

ある。

郷方之儀者、多分者葬送之節、野石を臥置候已ニ而、戒名俗名等彫付候儀者不得仕候、右不見馴石塔之儀者、寺法通与申儀茂難申上奉存候(6)

これによれば、村では葬送するときに野石をふせておくだけで、戒名や俗名を彫りつけることができない者が多くいるという。また、このような見なれない石塔は寺法にかなったものとはいえないことも指摘している。この史料から、潜伏キリシタンの檀那寺であった聖徳寺が変形墓石の存在を認識していたことを確認できる。

安政三（一八五六）年に起こった浦上三番崩れの吟味では、当該期潜伏キリシタンの指導者であった吉蔵が次のように証言している。

墓所は戒名彫付候を嫌ひ、野石を据置、又は他見を厭ひ碑を建候ものも有之候(7)

これによれば、彼らの墓所では戒名を彫りつけることを嫌って野石をすえておいたり、他見を避けて石碑をたてたりしている者がいるという。キリシタン当人も野石式墓石が「異宗」関係者のものであると認め、長崎奉行所でもそのように認識していた。

長崎市中の寺院では野石式墓石について、次のように見なしている。

（本蓮寺）貧賤之檀家死亡葬り候後、建塔之営難出来、向々者唯墓印迄ニ、野石等を当時建置候類者格別[8]

（大音寺）下賤之墓ニ□野石を建、戒名者勿論俗名年月等茂不得相記、墓印而已ニ仕置候ものハ有之候得共、是ハ石塔与者不称、墓印与申迄ニ御座候[9]

これによれば、野石式墓石を建立したのは、「貧賤」・「下賤」の者であるという。また、

（大音寺）建塔之営ミ茂難出来もの共、野石等ニ而墓印ニ致置候儀者制外ニ可仕歟と奉存候[10]

（禅林寺）野石を以石塔ニ建置候類者、何れ茂無銘ニ候得共、全く貧窮ニ而費を厭ひ、無是非自

6　寛政六年閏一一月付、長崎奉行所宛、聖徳寺「乍恐口上覚」（長崎歴史文化博物館蔵長崎奉行所関係史料、11/171-1/16）。
7　吉蔵証言「肥前国浦上村百姓共異宗信仰いたし候一件御仕置奉伺候書付」（『日本庶民生活史料集成18　民間信仰』三一書房、一九七二年、八三五頁）。
8　寛政六年閏一一月付、長崎奉行所宛、本蓮寺「口上之覚」（長崎歴史文化博物館蔵長崎奉行所関係史料、11/171-1/25）。
9　寛政六年閏一一月付、長崎奉行所宛、大音寺「口上之覚」（長崎歴史文化博物館蔵長崎奉行所関係史料、11/171-1/63）。
10　同右。

然石ニ而塔之形ニ致候、……縦令野石無銘之塔を建候共、宗法ニ差支候儀者無御座候[11]

とあるように、彼らは経済的に石塔を建てることが難しいので、野石を墓印にしているにすぎないとの認識である。したがって、それを石塔とはいわないし、寺院が規制するべきことではなく、「宗法」にも不都合ではないという。

浦上村山里村民の見解はどうか。変形墓石について吟味を受けた村民の返答[12]は以下のとおりである。

（彦太郎・次右衛門）右塔ハ私共先祖之もの葬有之候由ニ候得共、先祖ハ誰葬送有之、如何様之子細ニ而形変候塔建置候哉、委細之訳ハ及承不申候

彦太郎らは、自分たちの先祖を葬ったものであると聞いているが、誰を葬送したのかはわからないと回答した。なぜ形の変わった墓石なのかも詳細は不明という。

（貞次郎・八三郎・伝次郎）盆祭等ハいたし来候得共、誰葬有之候と申儀申伝も無御座、如何様之訳ニ而形変候塔建置候哉、委細之訳ハ不奉存候

これによれば、これまで供養はしてきたけれども、誰を葬ったのかは申し伝えがなく、なぜこのよ

うな形が変わった墓石を建立したのかもわからないという。

（五平）私父孫右衛門并母葬有之候、右石弐ツ共父孫右衛門存生之内、自分夫婦之墓石ニいたし候積、石工ゟ貰請置候由ニ而、居宅脇ニ有之候付、死去いたし候節、墓所江持越建置候

五平の証言によれば、自分の父母である孫右衛門夫婦を葬ったものであるという。その二つの石は、孫右衛門が生前に自分たち夫婦の墓石にするつもりで、石工からもらい受けたものだとする。しばらく居宅の脇に置いてあったものを、父母が亡くなったとき墓所へ持って行き、建立したものだという。

このように、詳細は不明といいながらも、被葬者を確定できるものと不明なものとがある。中には、本人が生前に確保しておいた墓石の場合もあった。また、次の新三郎の証言のように、親族でなくても、供養を行っていたケースもある。

（新三郎）右塔ハ誰葬有之候哉不奉存候得共、元家野郷弥惣と申もの之墓地ニ有之、同人相果無

11　寛政六年閏一一月付、長崎奉行所宛、禅林寺「口上之覚」（長崎歴史文化博物館蔵長崎奉行所関係史料、11/171-1/123）。

12　寛政八年一〇月一八日付、彦太郎外申口（長崎歴史文化博物館蔵長崎奉行所関係史料、11/171-1/141）。

縁墓ニ相成候付、隣家之儀ニ付、私父新左衛門盆祭等いたし遣来候処、拾五年以前父新左衛門相果申候、父存生之内盆祭等いたし遣候様兼而申聞置候間、今以盆祭いたし遣候儀ニ付、如何様之訳ニ而右体之塔建有之候哉不奉存候

これによれば、この墓石は誰を葬ったものかわからないが、以前、家野郷弥惣という者の墓地にあったもので、弥惣が亡くなったときに無縁墓になったので、隣家のよしみで自分の父である新左衛門が供養してきたという。その父も一五年前に亡くなり、父が存命中、自分が亡くなっても供養してほしいと申し聞かされていたため、子の新三郎がそれを受けついだとされる。

以上のように、野石式墓石が存在する理由が、貧困によるものか、別の理由によるものか、明快な回答は避けられているようにも見えるが、寺院も村民も、仏教式墓石と野石式墓石の混在を当然視していた。村社会において、両者の混在は自明であったが、一八世紀末に起こった一番崩れまで、この状態について誰も問題にしなかったということであろう。

（二）村社会における村民と被差別民

浦上村山里は家野郷・本原郷・中野郷・里郷・馬込郷によって構成される村で、この内の馬込郷に被差別民が居住する皮屋町があった。従来の研究では、馬込郷以外に居住する村民（多くは潜伏キリシタン）と、彼らを監視する役目を負った皮屋町の被差別民とが反目し合っており、その結果、慶

応三（一八六七）年に起きた浦上四番崩れの際、両者の間に暴力的なやりとりがあったとされてきた。[13] もちろん、被差別民が行刑役や警察の機能を担うことは一般的に知られており、不思議なことではない。しかし、浦上村山里における村民と被差別民との対立状況がそれ以前から存在したかといえば、それは疑問である。この点、前稿でそうした見通しを示したが、[14] 別の史料で確認してみよう。

寛政二（一七九〇）年に起きた一番崩れは、最終的には寛政八年に「切支丹」はもちろん「異宗」も存在しなかったとして決着した。この間、「異宗」を摘発しようとした庄屋高谷永左衛門と、庄屋の「私欲」を告発しようとした村民とが激しく対立した。ここで検討するのは、この事件の決着がつく前年の寛政七年に起きた牛屠畜一件である。

この事件の史料として、長崎奉行所の記録『犯科帳』に、次のようにある。

一　浦上村中野郷　徳　松

丑正月廿一日入牢、同八月廿七日数日入牢中付置候付、咎之不及沙汰

右之者、大村領利兵衛より黒牛壱疋、無宿八三郎世話を以代銭五貫八百文ニ買取、間もなく煩付殞候付、損失を厭ひ八三郎申合、解牛ニ致し皮を剝、皮角は穢多利八江売払、肉は油を煎是又売払候積之由申立、異宗祭事ニ相用候迚被頼候儀ニは無之趣は、吟味之上相分リ候得共、牛

13　浦川和三郎『浦上切支丹史』（全国書房、一九四三年）一四七―一四八頁。
14　大橋幸泰「近世日本の異端的宗教活動と秩序意識」（『人民の歴史学』二一三、二〇一七年）。

馬ハ実々相煩候は丶、療治心得候ものへ見セ、得と薬用等之手当も可致処、丸薬為給候而已ニ而、手当疎ニ致し候上は、全相煩殞候との申口も難取用、不埒ニ付咎可申付処、数日入牢申付置候付、咎之不及沙汰旨申渡候(15)

これによれば、浦上村中野郷の百姓徳松が黒牛一疋を無宿八三郎の仲介で大村藩領の利兵衛から購入したが、その牛が間もなく死亡した。このままでは損失になるので、それをきらって解体し、その皮を皮屋町の利八へ売り払ったという。肉は油で煎じ、別の者に売るつもりでいたとされる。したがって、牛を解体したのは、「異宗祭事」に用いるためではないと徳松は証言した。長崎奉行所はその点、理解はしたが、本来なら牛馬の治療に心得のある者に見せ、しかるべき手当をするべきであったのを、丸薬のみを与えて手当を疎かにしたのはけしからんという考えであった。結果として不埒であるので、咎めを申しつけるべきであるが、数日すでに入牢しているので、これ以上の罪は問わないとされ、徳松は釈放された。

皮を購入した皮屋町の利八に対する判決は以下の通りである。

一　皮屋町　穢多　利　八

丑正月廿二日他参留、同八月廿七日無構

右之もの、八三郎・利左衛門より牛之皮壱枚角二本買取候儀ニ付、口書申付候得共、申口相分リ付、構無之旨申渡候(16)

ここでは、利八が八三郎・利左衛門から牛の皮一枚と角二本を購入したことになっている。利左衛門は浦上村本原郷の百姓である。徳松は八三郎と利左衛門の協力により牛を解体したので、こうした書き方になっているのだろう。いずれにしても、長崎奉行所は利八が皮と角を購入した事実を確認した上、利八に対してしばらく外出禁止を命じた後、罪に問わないとした。

この一連のやりとりから注目されるのは、牛屠畜の目的を「異宗祭事」に関係があるかと浦上村山里の村民の徳松に問い詰めたのは長崎奉行所であって、皮屋町の利八ではなかったことである。利八が牛屠畜について、「異宗」に関係しているかどうかと徳松を責めた形跡はない。単純に、被差別身分の利八が百姓身分の者から皮を購入した事実が確認されているだけである。

牛屠畜が「異宗祭事」に関係しているかどうかを問われたのは、キリシタンの習俗としてしばしば牛肉が祭壇に供えられることが知られていたからであろう。実際、天草でも類似の事件が起きている。[17] もし近世期を通じて、浦上村民と馬込郷内の皮屋町に居住する被差別民とが対立関係にあったとすれば、この事件の際、利八が牛の皮の購入を持ちかけられたとき、牛屠畜が「異宗」にかかわりあるのかどうか、まずは利八が徳松を責め立てたであろう。その形跡がないというのは、そもそも両

15　『犯科帳』五（犯科帳刊行会、一九五九年、四五頁）。
16　同右。
17　注（4）大橋前掲書『キリシタン民衆史の研究』。

者に対立関係が存在しなかったからなのではないか。右の牛皮の売買から考えても、浦上村民と皮屋町被差別民は、むしろ共存関係にあったと考えるべきではなかろうか。

（三）近世秩序の中の浦上村山里

いうまでもなく、浦上村山里は江戸時代の秩序のもとに運営された近世村落である。地方文書が失われた現状では、この村で近世期にどのような日常があったのかを詳しく知ることができない。しかし、その痕跡はある。ここでは、同村庄屋の「高谷家由緒書」[18]に見る村社会の日常を探ってみよう。

この史料は、慶長期から宝暦期まで（一七世紀初期～一八世紀中期）、浦上村山里の村社会の一端を描写している。冒頭部分では、高谷氏の出自が「藤原鎌足公之後胤菊地肥後守武重」であるとされ、高谷を最初に名乗る菊地蒲三郎正重が浦上村に居着いたいきさつを解説している。正重は諸国を放浪した後、一時、大友氏に仕え、牢人の後、浦上村にやってきた。慶長一〇（一六〇五）年の検地の際、正重は惣庄屋を命じられ、高谷小右衛門と改名し、徳川家康に拝礼の上、朱印状を下付された。しかし、寛永五（一六二八）年三月三日の火事によって、その朱印状をはじめ系図なども失ったという。その後の当主を幕末までたどっていることから、この部分は幕末に書かれたのではないかと考えられる。後に続く浦上村山里の概要は宝暦期までの内容となっているので、冒頭部分はこの文書をまとめる際に付け加えられたものだと推測できる。

この由緒書が作成された目的ははっきりしない。しかし、最後の部分が、延享元（一七四四）年に当主となった高谷源次右衛門重範によって、子孫へ教訓を語るという形式の文書となっていることから、源次右衛門の代のときに村落運営上の家訓として作成されたものではなかろうか。

源次右衛門は子孫に遺す教訓として、特に次の三か条を強調している。

一　子々孫々迄、御役儀ニ掛り、芥毛頭私欲致へからす

一　はくえきニ携申へからす
　　但、右ニ携候得者、子孫断絶之儀無疑

一　只今迄持来候田畑、他人江譲申間鋪事

第一に役儀を勤めるにあたって私欲をもってはいけない。第二に博奕にかかわってはいけない。第三に先祖伝来の田畑を他人に譲ってはいけない。いずれも家を継承するための教訓としては目新しいものではなく、通俗道徳を強調する点で近世秩序の枠組みに収まっているといえる。

そうした方針のもとに記された「高谷家由緒書」から、近世村落ならどこにでもありそうな日常が浦上村山里でも展開していたことが窺える。たとえば、「伝馬」「川普請」「郷蔵」「土橋」「船株」「夫

18　長崎歴史博物館所蔵（13/162-2）。この史料は罫線付用紙に書かれているので、近代以降の写しと考えられる。なお、大橋幸泰編『二〇一七～二〇二〇年度科学研究費補助金（基盤研究（B）一般 17H02392）「近世日本のキリシタンと異文化交流」中間成果報告集』（二〇二一年）に全文翻刻した。

食」「井関」「山留」「年始歳暮」「年貢米」「田畑損毛」「米拝借」「救米」「定免」「国々巡見上使」など、一般的な近世村落の日常生活を示す語を容易に拾い出すことができる。

ここではその中から、三点、注目してみよう。第一は村民の檀那寺・鎮守の活動、第二は享保飢饉の際の御救、第三は巡見使への直訴、である。

第一は村民の檀那寺・鎮守の活動である。

聖徳寺并圓福寺普請、村中ゟ人足差出ス
山王社祭礼諸物入、村中貫銀ニ而いたす
聖徳寺并圓福寺米麦年ニ二季、村々ニ而貫立遣ス
無凡山金毘羅三所権現勧請有之、麓ニ屋鋪分切畑求候
無凡山吉祥院依頼、神宮寺と寺号御免願書奥印、庄屋高谷孫市

これらはそれぞれ別の箇条であるが、村民が村内宗教施設の普請に人足として動員されたり、祭礼の経費を負担したりしている様子が記されている。この内、聖徳寺は浄土宗の寺院で宗門改の際、檀那寺として村民に寺檀関係を証明した。圓福寺はこの村の鎮守山王社の神宮寺である。明治政府の神仏分離政策で取りつぶされ、山王社のみが残されたが、それまで村民の信仰を集めた真言宗寺院である。無凡山には金毘羅宮が勧請された。そこに僧侶が神宮寺建立を求め、その願書に庄屋が奥印をしていたことがわかる。潜伏キリシタンが多数存在したとはいえ、近世秩序のもと、神仏習合の宗教環

境は保たれていたといえる。

第二は享保飢饉の際の御救である。

一　享保十七子年、田作閏五月より虫付、六月ニ至不残皆無ニ相成、当所者不及申、十七ケ国程之皆無と伝承候、昔古ゟ無之損毛ニ而、諸国共ニ困窮不大形

一　田作皆無ニ付、御上使柴村藤右衛門様、国々御巡見被成候、九月廿七日長崎御着被成、……

一　右ニ付、百姓共以之外困窮及難儀ニ付、夫食米御願申上候得共、御奉行所ゟ江戸御伺ニ成由ニ而延引、十月御救免被成、一日男一人ニ弐合宛、女壱人壱合宛、子十一月朔日ゟ丑三月廿九日迄五ケ月之積ニ被仰出、月々ニ御米御渡被成候

この地域では、享保一七（一七三二）年閏五月より田方に「虫付」の被害が出て、六月には一七か国ですべて収穫が見込めなくなった。これまでに経験したことのない損耗で、諸国ともおおいに困窮している。九月には幕府上使が長崎に巡見に来て、田方の被害状況を確認していった。このように百姓が困窮し難儀しているので、夫食米を下付してもらいたい旨、長崎奉行所にお願いしたが、江戸に伺った上での決定ということでその返事は延引された。一〇月になって御救米が下される旨、返答があり、一日あたり男一人につき二合ずつ、女一人につき一合ずつの計算で、一一月一日から翌年三月二九日までの間、毎月下付されることになったという。

飢饉自体は非日常のことであったが、それに対する御救米の申請と下付は、百姓の生活維持のために実施される常識的行為である。これは、被治者に対して仁政や安民を施すことが治者の役割とされた近世秩序にそう、治者と被治者の関係を示す。

第三は巡見使への直訴である。「高谷家由緒書」には、幕府から派遣された巡見使が当村にも来訪している様子が記されている。その際、百姓から訴状が提出されているのは興味深い。

（延享三年五月）十四日当村御巡見、……百姓共直訴状差出、……御取上者有之候、乍然其已後為何儀茂無之、無ニ成ル

これによれば、延享三（一七四六）年五月、巡見使が浦上村山里にやって来たとき、当村百姓が直訴状を提出した。巡見使はそれを受け取ったが、それ以後何も対処しなかったという。

その際、隣村の浦上村渕からも訴状が提出されている。

御料廻御巡見上使之節、人夫出方ニ付、渕ゟ訴状ヲ以当村ヲ相手ニ、公事ヲ御代官所江申出

人夫の負担方法について不満があったのであろうか、渕が山里を相手に代官所へ訴え出たという。その結果は不詳である。

右の二つの訴状の具体的内容は史料から読み取れないが、こうした訴状の提出は負担軽減を求める

百姓の行動といえる。前者は山里村民自身の、後者は隣村渕村民の負担軽減を求めるものだが、いずれも潜伏キリシタンが多数存在する浦上村山里の村民の日常生活にかかわる動向である。彼らがキリシタンという属性を保持していたことは間違いないが、これらの事例から、浦上村山里が近世村落として機能していたことと、その中で近世百姓としての日常生活があったことを確認しておきたい。

二、天草郡今富村村方騒動に見る諸属性

（一）今富村・崎津村断交事件と村民の諸属性

文化八（一八一一）年五月から六月にかけて、天草崩れ[19]の対象村の一つであった今富村で村方騒動が起こった。庄屋上田演五右衛門を糾弾しようという村民が二〇か条もその非法を列挙した訴状を作成し、天草郡を統治する役所のある富岡へ押しかけたのである。この村方騒動についてはかつて筆者も検討したことがあり、[20]その後、児島康子氏によって詳細に分析されている。[21]前者は潜伏キリシ

19　文化二（一八〇五）年、天草下島西目筋の大江村・今富村・崎津村・高浜村で「異宗」を信仰している者が吟味を受けた。結果、「切支丹」ではないと判断されたが、その後の経緯から潜伏キリシタンが多数存在したことは確実である。以下、天草崩れと今富村村方騒動の事実関係は、平田正範『天草かくれキリシタン　宗門心得違い始末』（サンタ・マリア館、二〇〇一年）を参照。

20　注（4）大橋前掲書『キリシタン民衆史の研究』。

21　児島康子「今富村村方騒動にみる庄屋存続体制の確立」（『長崎純心大学大学院人間文化研究科　人間文化研

タンの結合意識が経済問題にも関係していることを指摘したものであり、後者はこの事件について経済問題を基本とした第二の天草異宗事件であると位置づけたものである。ここでは、それらの研究を下敷きにしながら、属性論の立場から改めてこの村方騒動を検討してみよう。

発端は隣村崎津村との断交事件である。その経緯について、二〇か条の訴状の第一条冒頭部分で次のように記されている。

去ル午（文化七年）冬崎津村江唐船漂着仕、船舸子不足ニ付、当村江人夫雇ニ参候処、庄屋ゟ申聞候者、此節崎津村江挽船舸子ニ参候者者、銭五貫七百文差出可申と申触候ニ付、壱人茂参り不申候故歟、当村ゟ此後崎津村江者、草伐浜稼等決而為致不申様申来、甚迷惑仕候(22)

文化七年冬、崎津村に唐船が漂着した。崎津村は漁業権を認められるのと引き替えに、漂流船が流れ着いたとき、その船を長崎まで曳航する義務を負っており、その役を果たすために不足分の水夫を今富村に求めた。このとき今富村庄屋上田演五右衛門が、崎津村に水夫に行く者は銭五貫七百文を差し出さなければならない旨の触を出したことから、村民は一人も応じなかった。それ以後、崎津村民は遺恨に思い、崎津村での草刈りや浜稼ぎを今富村民にさせないようにしたので、はなはだ迷惑なことになったという。

演五右衛門は、水夫に行くことに条件を付けた理由について次のように説明している。

長崎江疱瘡流行仕候趣ニ付、……村内江為知不申候而者相成間鋪与、畢竟村方を厭ひ、庄屋上田演五右衛門ゟ本郷年寄八郎兵衛江申談候処、元ゟ村方茂已前疱瘡ニ手懲仕居候故、銭五貫七百文差出候様ニと、庄屋ゟ者不申聞義迄流言仕候而、長崎江唐船挽ニ参候者無御座候(23)

これによれば、演五右衛門は長崎で疱瘡が流行しているという情報を村方に知らせないわけにはいかないと考え、村民をいたわろうとしたのだという。それを（今富村本郷の）年寄八郎兵衛を通じて村民に伝えたところ、もし水夫に行くのであれば銭五貫七百文(24)を差し出さなければだめだという、演五右衛門が言っていないことも流言として村内に広まった。以前、疱瘡が流行したときのことに懲りたということもあり、今富村からは誰も水夫に出て行かなかったという。

これを受けて、翌年正月、演五右衛門は今富村年寄と、同村本郷の百姓代、枝郷小島の百姓代と連名で、崎津村の非分について富岡役所に訴え出た。その訴状の冒頭で次のようにいう。

究』七、二〇〇九年）。

22　「今富村出入一件ケ条毎ニ差分覚書」（上田家文書、5-72）。高浜村庄屋上田家文書の目録として、『上田家古文書調査事業報告書　天草上田家文書目録』（天草町教育委員会、一九九六年）がある。

23　同右。

24　三百目とする史料もある。しかし、崎津村が浜稼ぎなどの過料として今富村に課したのが三百目であったので、それを混同したのではないか。

当村百姓共諸作物并薪等、是迄崎津村江日々持出売払候而、帰ニ者田畑肥并諸色等調渡世仕来候所、去（文化七年）十二月廿二日朝より、当村之もの江者何品ニよらす売買不仕候様、崎津村申極候之由ニ而追返候ニ付、空敷罷帰申候[25]

これによれば、これまで今富村民は崎津村へ日々作物や薪などを売り払い、帰りに田畑の肥料や必要品を調えて渡世してきた。ところが、文化七年一二月二二日朝から、崎津村民が今富村民とは一切売買しないと取り決めたというので、今富村民は押し返され、空しく帰村したという。

この後二三日から二七日までこの断交をめぐり、今富村の村民と崎津村の村民・村役人との間でやりとりがあった。崎津村民が今富村民を妨害しているのは誰の指図なのか、今富村民が詮索しようとした。しかし、崎津村からの返答ははっきりせず、翌年正月一四日、次のようなことが起こった。

正月十四日当村枝郷小島海辺ニ而、蛎打ニ参居候処、崎津村ゟ船三艘ニ大勢乗組参、馬ノ爪之満隠候程之分ハ、崎津村支配ニ付、浜稼為致候儀不相成、去冬今富庄屋江書状を以菟合置候所、如何ニ而浜稼致候哉、不届之至と大勢口々ニ申立、蛎之分入物共ニ理不尽ニ押取仕、或者海ニ投捨候抔仕候而、向後小島浦ニ而決而浜稼不仕候様、万一相背候得者、今富小島之田畑作物山林等も、崎津村ゟ大勢参荒シ可申段申聞候、……潮満候分ハ崎津村拾六石之高之内ニ而有之候ニ付差留候抔と申之、甚理不尽之申分仕候、尤小島ニ者恨無之候得共、今富之枝郷ニ付、親かにくけれハ子もにくきと申事不知や、夫故ニ右体仕向候と申之[26]

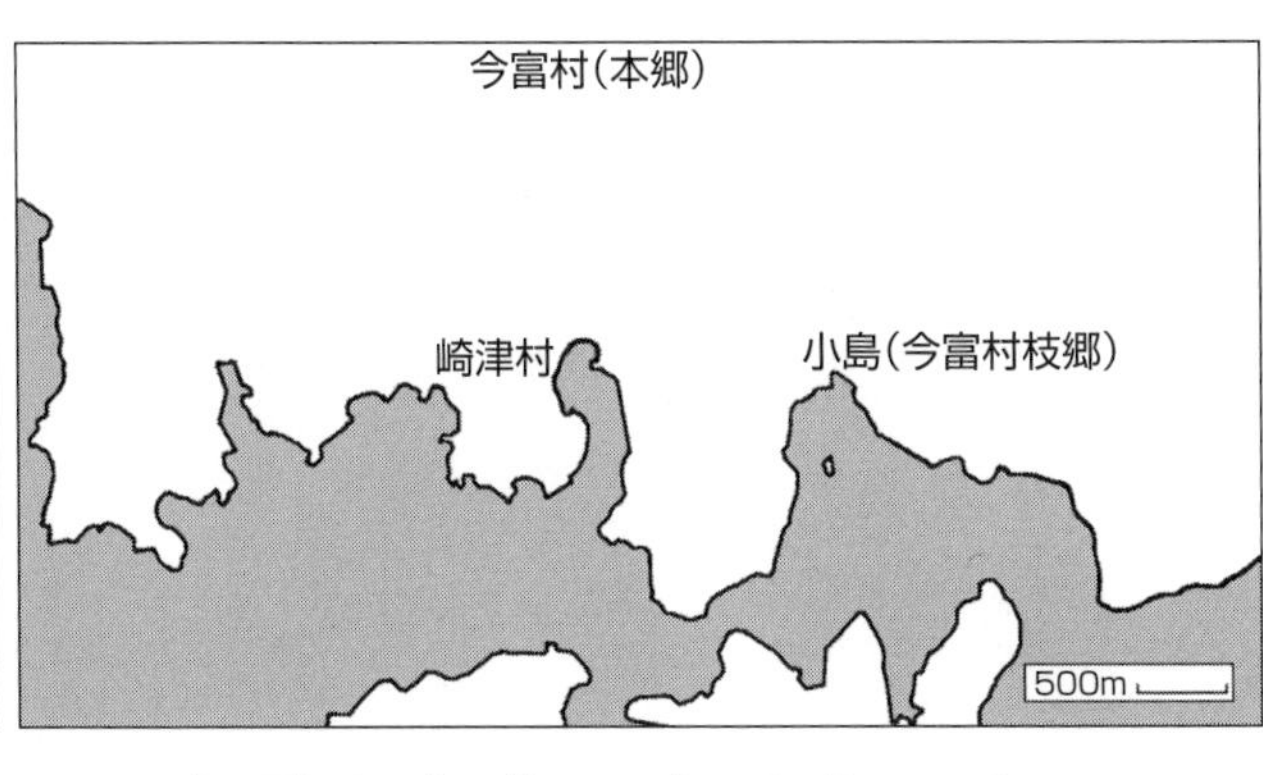

これによれば、今富村本郷の村民が枝郷小島の海辺で蛎打をしていた（地図を参照）ところ、崎津村民が三艘の船に大勢乗り込みやってきて言うには、小島浦の「馬ノ爪之満隠候程之分」は崎津村の範囲内であるという。したがって、ここで今富村の者が浜稼ぎするのは違法行為であり、その点、すでに昨年冬に今富村庄屋へ書面で申し渡してある。にもかかわらず、浜稼ぎしているのはどういう了簡なのか。崎津村民は大勢でけしからんことだと口々に申し立て、蛎の入れ物を奪い取ったり、中身を海へ投げ捨てたりした。今後、今富村民が小島浦で浜稼ぎをやってはならず、もしそれに背いた場合には、小島の田畑作物・山林などを崎津村からやってきて荒らすつもりだと脅したという。さらに、満潮の分は崎津村一六石の石高の内に入っているから今富村の分ではない。小島の者に恨みはないが、小島は今富村の枝郷であるので、親が憎ければ子も憎いというのと同じで、こうした行為に出たのだという。

25　文化八年正月付、富岡役所宛、今富村庄屋・年寄・百姓代「乍恐以書付申上候事」（上田家文書、5-364）。

26　同右。

今富村から見れば、崎津村のこのような態度は理不尽に映る。

右体理不尽之儀不仕候様御糺被仰付被下候様、且田畑肥諸色売買等、以前之通仕候様被仰付被下置度奉願候(27)

訴状の最後の部分では、崎津村の行為を糾した上で、以前の通り崎津村と、田畑肥料・諸色売買などが行えるようにしてほしい、と訴えている。

以上のように、今富村は本郷と枝郷（小島）の百姓の総意をもって、この訴状を富岡役所へ提出した。ここで属性論の立場から注目するべきなのは、次の二点である。

第一に、訴えられた崎津村も今富村と同様、天草崩れで「異宗」信仰者が多数露顕した村であったことである。天草崩れで「異宗」信仰者と見なされた者はみな「回心」したとして許されているが、そのまま「異宗」信仰は継続されていたことがわかっている。両村の村民のすべてがキリシタンだったとはいえないが、対立する両村民にはキリシタンが含まれていたことは確実であるから、この断交事件ではキリシタン同士が対立していたことになる。

第二に、キリシタンと非キリシタンが混在する今富村民が村方一統で行動していたことである。右に検討した訴状は、庄屋上田演五右衛門が本郷・枝郷（小島）それぞれの年寄・百姓代とともに連名で富岡役所へ提出したものである。村民全員の意志を代表して村役人が訴えたものであるから、キリシタン・非キリシタンが共同で行動したことになる。庄屋演五右衛門は天草崩れの際、村内の「異宗」探索を積極的に行い、その摘発に尽力した人物である。キリシタンの村民は、天草崩れでは対立関係にあった演五右衛門とともに崎津村の非法を糾そうとした。

つまり、文化七年から八年にかけて起きた今富村・崎津村断交事件では、どちらの村民の行動も、その村民としての属性が優先された。特に、今富村民にとって、彼らの生活は崎津村との関係で成り立っていたから、崎津村との断交を解消することは死活問題であった。

（二）合足組の形成と諸属性

今富村と崎津村とで対立していたことの内、小島浦での漁場争いについては、文化八年六月に今富村庄屋上田演五右衛門・年寄佐次右衛門・小島百姓代長次兵衛・同紋助と、崎津村村役人との間で「済口証文」が交わされて決着する。小島の村民と崎津村民とが、漁場を使用する際の条件を双方納得の上、和解した[28]。

しかし、今富村本郷の村民の一部は、同年五月ころより庄屋演五右衛門を退けようと動き出し、翌年末までの間、村を二分する村方騒動を引き起こしていくことになる。まず、崎津村との断交の原因

27　同右。
28　文化八未六月八日付、「崎津村ト今富村枝郷小島と海浜之儀ニ而、論合内済取替証文写」（上田家文書、5-330）。

をつくったのは濱五右衛門だという理屈を押し出し、その後、濱五右衛門の非法を次々とあげて糾弾していった。

文化八年五月付の表紙がある濱五右衛門の「日記」[29]には、五月八日[30]の項に次のようにある。

今晩五八宅江、茂左衛門・種右衛門・浅右衛門・勇左衛門・五右衛門、右五人参、清右衛門証文之儀ヲ申立ニ致、庄屋江難渋申掛、追退候様可致候間、先立人ニ相成呉候様相勧候由

これによれば、五八のところに、茂左衛門ら五人の者がやってきて、清右衛門の証文のことで庄屋（濱五右衛門）に苦情を申し立て、庄屋役を退役させたいので、「先立人」を引き受けてほしいと申したという。この清右衛門の証文については後述するが、ここで注目されるのは、五八と茂左衛門ら五人の宗教的属性である。「徒党ニ不加者と相加候者名前帳」[31]には、五八が「素人」とある一方、茂左衛門ら五人はいずれも「異宗」とある。天草崩れで摘発された「異宗」回心者が、そうでない者に対して、庄屋排斥のリーダーになってほしいと依頼したということである。五八はこれを断ったので、グループに加わることはなかったが、合足組（後に庄屋の罷免を求めるグループの呼称）発足の最初の段階で、「異宗」非信仰者に対して、庄屋排斥の先頭に立ってほしいとの声がかかっていたことは、このグループの性格を考える上で重要である。

その後、五月一〇日から晦日まで、庄屋を排斥しようとするグループは集会を持ち、態度を明らかにしていない村民に対して仲間に加わるよう促したり、庄屋宅などへ押しかけて行ったりして、騒ぎ

が大きくなっていった。この過程で先に紹介した二〇か条の訴状が作成されたものと思われる。その箇条はすべて経済問題であったが、「異宗」回心者である孫左衛門は合足組のことについて、次のように庄屋へ伝えた。

孫左衛門　申口

最初村方之者共申談候ハ、崎津ゟ今富村出入差留難渋ニ差及候ハ、元来唐船挽船一件ゟ事起り、是迄段々延々ニ相成、村方至而迷惑之筋ニ候間、崎津村江庄屋ゟ断被申入、元々之通被致呉候様可申達、若其儀難成被申候ハヽ、庄屋ゟ村中難渋相救被呉候様可致と、村方申談候節迄ハ、私義者相加候居候所、段々右一件永延候ニ付而ハ、七年以前異宗御糺と、并去年博奕吟味右両条之打返妄念晴シ致、庄屋ヲ追退候様可致之段、永四郎申聞候(32)

孫左衛門は、今富村が崎津村と断交することになった当初の原因が「唐船挽船一件」であったとした上で、その解決が延引して村方が迷惑したので、この状況を何とかしてほしいと庄屋（演五右衛

29　文化八年五月付、上田真親（演五右衛門）「日記」（上田家文書、5-70）。
30　演五右衛門が、文化一一年一〇月付でまとめた「出入差発候砌ゟ百姓共合足仕候節迄之始末日々相記置候日記写」（上田家文書、9-53）では、五月九日のこととされている。
31　文化八年六月付、「徒党ニ不加者と相加候者名前帳」（上田家文書、5-69）。
32　文化八年五月付、上田真親（演五右衛門）「日記」（上田家文書、5-70）。

門）へ申し入れるというところまでは自分も同意し、仲間に加わってきた。しかし、この一件が延長するにつれ、庄屋を退役させようとするのは、文化二年の「異宗御糺」（天草崩れ）と文化七年の「博奕吟味」の二つの「妄念晴」しのためだということを、永四郎から聞かされたという。そして、右の史料に続けて孫左衛門は、天草崩れの際には寛大な処置であった恩義があり、自分は博奕もしないことから、合足組に加わることはできないと述べた。

右の事例は、合足組による「異宗」回心者への参加要請であったが、そうでない者への呼びかけもあった。「徒党ニ不加者と相加候者名前帳」には、六月一六日のこととして次のようにある。

伝蔵・兼作・西右衛門、小島へ罷越、庄屋ヲ退役為致候ニ付相加り候様、当時之庄屋相勤居候而ハ、先祖江対難相済と申相勧候得とも、小島之義ハ庄屋へ少も申分無之ニ付、壱人も相加り不申候(33)

これによれば、伝蔵ら三人の者が小島へ行き、庄屋を退役させたいので合足組に加わるように勧めたが、小島の者は庄屋に対して少しも申し分はないので、一人も加わらなかったという。庄屋演五右衛門が小島の村役人との連名で、崎津村の村役人の署名のもとに「済口証文」を交わしたのはこのころである。

さかのぼって、演五右衛門の「日記」五月一二日の項には、次のようにある。

今夜徒党之もの共、氏神拝殿ニ大勢相集組シ候得ハ、崎津出入為致可申、組シ不申者ハ、決而出入不為致と申聞、其外渡世妨候様おどし為聞相勧候而、名前着帳致候[34]

これによれば、この日の夜、合足組村民は氏神拝殿[35]に大勢集まり、これに加わる者は崎津村との取り引きを許すが、加わらない者は崎津村との取り引き不許可はもちろん、その他生活を妨害する旨、態度を表明していない者に対して脅したという。小島への参加要請と合わせて考えると、合足組村民は「異宗」回心者のみに参加を勧めていたのではなく、村民すべてを対象に参加を勧めていたことがわかる。

（三）合足組の論理

合足組が広く参加を呼びかけたのは、演五右衛門の庄屋としての資質を問題にしたからである。確かに、合足組が作成した二〇か条の訴状はほとんどが経済問題であったし、演五右衛門の責任として最初に問題になったのは、清右衛門の証文のことであった。二〇か条の訴状では、第三条に記されて

33　文化八年六月付、「徒党ニ不加者と相加候者名前帳」（上田家文書、5-69）。
34　文化八年五月付、上田真親（演五右衛門）「日記」（上田家文書、5-70）。
35　今富村の十五社宮。鶴田文史編『天草寺院・宮社文化史料図解輯』（西海文化研究所、二〇〇四年）参照。

いる。

当村宅蔵親勘助ゟ庄助江、売置候田地請地仕候処、清右衛門自分銭を差出庄助江申談、……庄屋奥印之証文ニ而御座候へハ、庄助を清右衛門言語其侭何事茂不申、無是非見合居候処、右之奥印証文を清右衛門剪割き、庄助買主を我買主与名前を替、庄屋之奥印を剪割有之候へ共、清右衛門江者咎茂無御座、其侭捨置被申候[36]

これによれば、宅蔵の親勘助から庄助へ売り渡した田地について、庄助には金銭が不足していたのであろうか、清右衛門が金銭を援助するという申し出があった。その上で、庄屋の奥印がそえてある証文を清右衛門が切り裂き、買主の名前に庄助とあるところを清右衛門に書き替えたが、庄屋演五右衛門は清右衛門を咎め立てることなく、そのままに捨て置いたという。この点、糾してほしいという趣旨である。これに対して演五右衛門は、買主の名前を書き替えたのは清右衛門が勝手にやったことで、「全庄屋不存儀ニ而御座候」[37]として、自分のあずかり知らぬことだと反論した。

文化八年五月に作成された二〇か条の訴状は演五右衛門の失策を並べたものであるが、それに加えて文化九年一二月に富岡役所で吟味が始まった際にも、二〇か条の内容とは別に演五右衛門の非法が重ねて訴えられている。[38] ここには三か条あり、先の二か条が上納銀についての不審、最後の一か条が氏神祭礼の際の事件にかかわる不審である。

上納銀についての不審の第一は、富岡役所へ上納しようとした銀に悪銀が含まれていたことである。文化六年一一月、近隣の軍浦に薩州船が到着した際、何かを取り引きしたのであろう、年寄丈蔵がその薩州船から銀を受け取った。丈蔵がそれを演五右衛門に持参したところ、演五右衛門はそれを改めた上、富岡の掛屋に持って行くよう丈蔵に指示した。そうしたところ、その銀には悪銀が含まれていたので、突き返された。薩州船にその悪銀を返そうとしたが、船頭はこの銀には「極印」がないので、自分が渡した銀ではないと答えた。したがって、この悪銀は演五右衛門が所持していた銀だったというのが、村民の推測である。

第二は、文化八年に年寄八郎兵衛が富岡役所へ上納銀を納めようとしたとき、演五右衛門が協力してくれなかったということである。肥後国竹迫の「稽者」（芸者）へは銀を支払うのに、村の上納銀が差し支えても用立ててくれないことに不満を訴えている。

最後の三か条めは、次のようにある。

氏神之祭礼相済、翌日（文化九年九月）廿日ニハ例年村中田畑物宜布様ニ候と、氏神江願立置角力願成就有之候、偖又其日ハ村内之者共相煩ひ候節、氏神へ立置候願数参り之願、日籠之願不残願成就仕候義、是迄仕来りニ御座候、然ル処御庄屋上田演五右衛門殿番頭伊三郎、馬乗出し并拾

36 「今富村出入一件ケ条毎ニ差分覚書」（上田家文書、5-72）。
37 同右。
38 文化九年一二月付、富岡役所宛、今富村百姓中「乍恐書付を以奉願上候事」（上田家文書、5-73）。

九軒方ゟ弁之丞乗出し、外ニ清右衛門悴清四郎乗出し、右之者共社内之馬場ニ馬乗込、一散ニ乗廻し候故、数参り之願成就も難相成……畜類之入たる土俵ニ者如何ニ御座候と、一向願成就相成不申候ニ付、御庄屋上田演五右衛門殿へ、右之次第立会を以申候ハ、右之土俵ニ願成就仕候而宜布候哉と訴以候へハ、夫ハ百姓中之心次第と被申候、左候へハ右土俵之内ニ、馬乗込せ候儀も御庄屋申付候歟と存居申候

これによれば、氏神の祭礼が終わった翌日（文化九年九月二〇日）、例年の通り、田畑の作物がよく実るように願いを込めて角力をとるとともに、病気になったときにする願かけを行うことになっているという。そうしたところ、庄屋演五右衛門の番頭伊三郎や弁之丞・清四郎が馬で押し出し、社内の馬場を乗り回したので、願かけもできない状態になった。畜類が入り込んだ土俵で角力をとるのはいかがなものか、と庄屋演五右衛門へ以上の経緯を伝えた。そのような土俵では願望成就は望めないのではないか、と訴えたところ、演五右衛門はそれは百姓たちの心次第だと答えたので、伊三郎たちが土俵へ馬で乗り込んだのは演五右衛門の差図によるものではないか、と村民は疑っているという。

上納銀の件、氏神祭礼の際の事件、いずれも演五右衛門の行動に対する村民の不審から訴えられたものである。前者の場合、富岡役所に上納する銀にかかわるという点で、村民という属性から庄屋に対して不審を抱いたということである。後者の氏神祭礼の件で注目されるのは、「異宗」回心者と「素人」が混在する村民が氏神の行事に参加している点と、その村民たちが、この氏神の行事における数名の迷惑行為を放置した演五右衛門は庄屋の責任を果たしていない、と考えていることである。

このような庄屋に対する不審は、「異宗」回心者かどうかにかかわらず生じたものであり、村民としての属性が優先されることによって押し出されたといえる。

（四）村社会における「異宗」の位置

この村方騒動は「異宗」回心者が中心となった騒動であったが、合足組が形成される過程では、「異宗」回心者という属性は重要視されていなかったように思われる。しかし、この騒動が「異宗」とは無関係であったとはいえない。実際、天草崩れの「妄念晴」しがその原因の一つであった可能性は否定できず、「素人」の中にはそれを理由に合足組に加わらなかった者がいたからである。

異宗御糺之遺恨晴ト申義、茂左衛門申出候趣、素人共聞付候而、右企ニ相加り不申候[39]

これによれば、今度、庄屋を糾弾しようというのは天草崩れの遺恨のためである、と「異宗」回心者の茂左衛門が申しており、それを聞きつけた「素人」たちはこの企てに加わらなかったという。
さらに、この過程でキリシタン信仰を継続していた形跡が見える。たとえば、茂左衛門は村内普済

39　文化八年六月付、「徒党ニ不加者と相加候者名前帳」（上田家文書、5-69）。

庵[40]の庵主東仙に次のような相談を持ちかけていたらしい。

茂左衛門義、異宗御吟味ニ付而、異宗之輩内密ニ信仰致候墓五ケ所、御取崩ニ相成候内一ケ所、同人信仰致候場所ニ而在之候所、御取崩ニ相成候已後、病身ニ相成候ニ付、右場所之土ヲ以先祖之墓所之側ニ取立申度、庵主東仙長老へ内々相頼候……右之心底ニ而ハ内心矢張異宗ヲ行候志と相見、庄屋ヲ追退候上、再興致候存含ト相聞申候[41]

これによれば、天草崩れの際、取り壊された「異宗」の者の墓所の内、茂左衛門が信仰していた墓所の土を先祖の墓所に取り立てたい旨、東仙へ相談したという。それは、墓所取り崩しの後、病身になったからだとされる。東仙は、茂左衛門が内心では「異宗」を信仰しており、庄屋を退役させた上、墓所を再興したいと考えていると推測している。

この計画は実現しなかったが、このことにより合足組は、庄屋演五右衛門ばかりでなく東仙へも攻撃を始めることになる。

徒党之者共弐百人余源蔵宅へ押懸大ニ騒立、夫ゟ庵ノ下通り大音ニ而喚々ハ、庄屋も庵主も大勢ケ様ニ申立候ハヽ、相立申間敷、庵江ハ斎米散銭等も上ケ不申ト[42]

これによれば、合足組は仲間に加わらない源蔵のところへ押しかけて大いに騒ぎ立てた後、普済庵の側を大声でわめき立てながら通り、庄屋も庵主もこのような態度では村民は納得しない、庵へは斎米・散銭も寄付しないと申し立てたという。

こうした状況の中、茂左衛門ら三人の「異宗」回心者は普済庵へ、手習いのため庵に預けている子どもを引き取りたい旨、申し出た。これに対して庄屋演五右衛門は、次のように申したという。

不帰依之ものハ子供ヲ引取可申、不帰依ニ無之候ものハ引取候ニ者及申間敷、村方ゟ斎米散銭上ケ不申候ハヽ、庄屋一手ニ而庵ヲ引請御差支無之様ニ可仕ト年寄江も申聞、庵主江も申達候所、徒党之もの共其儀ヲ聞及症気味悪敷成候哉、子供も引取不申、斎米散銭等も已前之通庵江遣候様相成様子ニ御座候(43)

庵に不帰依の者は子どもを引き取ったらよいが、不帰依でない者は子どもを引き取るには及ばない。村民が斎米・散銭を寄付しないというのなら、庄屋が一手に引き受けよう、と演五右衛門は言った。これを年寄・庵主へ伝えたところ、それを聞いた合足組の者は居心地が悪くなったのか、子どもも

40　曹洞宗江月院末。注（35）鶴田前掲書『天草寺院・宮社文化史料図解輯』参照。
41　文化八年六月付、「徒党ニ不加者と相加候者名前帳」（上田家文書、5-69）。上田演五右衛門「出入差発候砌ゟ、百姓共合足仕候節迄之始末、日々相記置候日記写」（9-53）にも同じ茂左衛門による墓所再興計画の記述がある。
42　同右。
43　同右。

を引き取ることはやめ、以前のように斎米・散銭を庵へ遣わすことにしたという。

合足組は「異宗」とは無関係ではなかった。しかし、「異宗」回心者という属性だけで成立した組織でもなかった。「異宗」回心者は村内の曹洞宗末寺普済庵に帰依する村民でもあり、それは天草崩れ前後で変化はなかった。「異宗」回心者にとって、「異宗」も属性の一つであったといえる。

おわりに

宗教的属性・世俗的属性を問わず、諸属性は重層的に存立している。本稿では近世後期の浦上村山里と今富村を事例に検討したが、諸属性の重層性はこの時期のこの地域だけの特徴ではない。どの時代のどの地域に生きる人々も保持しているものである。ここに、秩序の変化（その兆しを含む）が起これば、重層的に存在している諸属性の内、特定の属性が顕在化する。そして、その属性同士の確執が大きな騒動に発展する場合がある。戦争がそのもっとも深刻な典型例である。
一方、その諸属性が並存している場合もある。諸属性の間に確執が起きなければ、諸属性が共存しているということになるが、それは無条件には成立しない。近世日本の場合は、「切支丹」という排除対象の共有、外在的属性の重視、「正」の曖昧性、の三つの条件が必要であった。[44]そのもとで近世的共存関係は成り立っていたといえる。しかし、それは矛盾を内包しているが故に、時間の経過とともにその共存関係を支える条件に変化が起こっていき、崩れの事件につながった。[45]
キリシタンはキリシタンという属性だけで生きていたのではない。このことが明らかである以上、今後のキリシタン研究は、信徒を取り巻く諸属性を意識して、多角的に議論するべきである。

（付記）本稿は、二〇一七―二〇二〇年度科学研究費助成事業（科学研究費補助金）（基盤研究（B）（一般））「近世日本のキリシタンと異文化交流」（課題番号17H02392）の成果の一部である。

44　注（14）前掲大橋論文「近世日本の異端的宗教活動と秩序意識」。

45　「高谷家由緒書」には、宝永五（一七〇八）年に宣教師シドッチが屋久島に単身潜入し、すぐに捕らえられた情報が記されている（長崎歴史博物館所蔵、13/162-2）。

一　宝永五年子十一月、松平薩摩中将様ゟ異人被召捕、当地江被送候、薩摩やくの島江隠レ居候とも申、又異国ゟ島迄つれ来捨置候とも申風聞有之、何レなんはん人之様ニ風聞有之、姿は阿蘭陀ニ似たるものに候、惣而右之異人江戸江御召被遊、入牢被仰付候

キリシタン宣教師がすぐ近くまでやってきたことが、浦上村山里にも伝わっていることがわかる。しかし、村民がこれに反応した形跡はない。近世的共存関係の条件が保たれている状況では、崩れの事件は起こりにくかったといえるのではないか。

第五章　キリシタン時代の神学と良心問題

浅見雅一

はじめに

イエズス会は、その布教方針において「適応」(accomodatio)という概念を伝統的に重視している。それでは、適応とはいかなるものであるのか。適応には、実際には二つの方向性があることが指摘できる。まず、布教者が布教地の諸要素に自らを適応させることである。布教者が布教地における文化的、社会的諸要素に適応することであるが、具体的要素としては、言語、慣習、芸術、法律などが挙げられる。第二の方向性は、キリスト教をいかなるものとして説くかということである。第二の方向性には二つの方法がある。ひとつは、キリスト教の持つ諸要素を選択的に説くことである。キリスト教の教義のすべてを説くのではなく、当面は一部を説くことを控えることも含まれる。もうひとつは、キリスト教の持つ諸要素のうち、教義的に変形可能なものを変形させることである。

キリシタン時代の学問と教育については、「日本準管区長ペドロ・ゴメス著、日本人イエズス会士のためのカトリック教理要綱」（以下、「講義要綱」と呼ぶ）を取り上げるべきであろう。[1] 同書はイエズス会の教育の問題と密接に関わっている。[2] 高瀬弘一郎氏によれば、同書は実際にはコレジオにおいて本来の聴講の有資格者に教授されたものではなく、一年余りの速成コースにおいて教授された神学入門に過ぎないということである。[3] 同書がどのように取り扱われたかについては、日本における神学のあり方の問題であると同時にイエズス会における教育の問題でもある。それでは、同書は、良心問題の教育との関係を考慮するならば、どのように位置づけられるのか。

イエズス会は、その総力を結集して作成した『ラティオ・ストゥディオールム（Ratio Studiorum）（学事規定）』において良心問題の教育を重視している。[4] キリシタン時代の聖職者養成においても良心問題の教育は重視されており、教育は「ラテン語→良心問題→哲学→神学」の順序で行われていた。[5] 巡察師アレッサンドロ・ヴァリニャーノ（Alessandro Valignano）は、第一次日本巡察時に教育機関の設立を指示している。彼の構想に従って、日本においてイエズス会の教育機関が整備され、設立されていく。教育における良心問題の扱いには、良心問題の教育と倫理神学の研究とのバランスを考慮することが必要であった。倫理神学を長年研究していても実際の司牧には必ずしも十分に役立つわけではないことは、当時すでに指摘されていた。それ故、良心問題の教育が聖職者の養成には急務とされていたのである。良心問題の手引書は、その目的もあって作成されていた。良心問題の手引書は、一五世紀以降、イベリア半島を中心に流行していた。

本稿では、キリシタン時代の神学と良心問題の関係について、日本の良心問題を基軸に見ていく。

一、キリシタン時代の良心問題

良心問題の手引書は、一五世紀には悔悛の秘蹟において用いるために作成され、印刷の普及に伴って拡大していった。こうした手引書はイベリア半島を中心に流行したとされている。一五世紀以降に作成されたものだけで約二〇種類が確認されている。こうしたものの多くは、いずれも掌中版と言える版型で、それほど浩瀚なものではない。一六世紀半ばになると、良心問題の手引書の決定版とも言える詳細なものが出版されている。マルティン・デ・アスピルクエタ（Martin de Azpilcueta）の『聴罪司祭と悔悛者の手引書』は、ポルトガル語版の初版がコインブラから一五四九年に出版され

1　同書については、以下の影印版がある。上智大学キリシタン文庫監修・編集『イエズス会日本コレジヨの講義要綱（コンペンディウム）』全三巻（大空社、一九九七年）。なお、第一部の翻訳、第二部の翻訳および日本語稿本の翻刻、第三部の日本語稿本の翻刻については、以下がある。尾原悟編著『イエズス会日本コレジヨの講義要綱』全三巻（教文館、一九九九年）。

2　桑原直己『キリシタン時代とイエズス会教育――アレッサンドロ・ヴァリニャーノの旅路』（知泉書館、二〇一七年）。

3　高瀬弘一郎『キリシタン時代のコレジオ』（八木書店、二〇一七年）。

4　Ladislaus Lukacs, S. I., *Monumenta Paedagogica Societatis Iesu, V, Ratio Atque instituto studiorum Societatis Iesu (1586 1591 1599)*, Romae, 1986.

5　高瀬弘一郎『キリシタン時代の文化と諸相』（八木書店、二〇〇一年）。

た。同じくコインブラから一五五二年に出版されたが、同版には欄外に初版には見られなかった註釈が付けられている。(6) 注釈付きの印刷は再版以降も継承されている。(7) 同書が良心問題の手引書の決定版として影響を与えることとなったのである。なお、アスピルクエタは、同書の校訂者として名が記されているに過ぎないが、実際には著者であると見られている。

同書のスペイン語版は、メディナ・デル・カンポから一五五四年に出版されており、サラマンカから一五五七年に出版されたものが再版であるものと思われる。サラマンカからは、同年にはラテン語版の初版も出版されている。以後、ポルトガル語版やスペイン語版がイベリア半島の各地において印刷されて版を重ねているが、ラテン語版はイベリア半島以北においても出版されており、同書のうち言語的には最も数多く印刷されたものと推測される。一六世紀後半になると、良心問題の手引書は、同書が決定版と見なされるようになり、同書および系統のものが主流になっていった。なお、同書のイタリア語版も印刷されているが、ポルトガル語版やスペイン語版とは異なり翻訳版として出版されており、しかも同版がそれほど流通した形跡はない。

同書には縮約版が存在する。スペイン語の『ナバーロの手引書の要点から引用した聴罪司祭と悔悛者の概要と要約』がバレンシアから一五七五年に出版されており、(8) 同書は何回か版を重ねている。同書には『聴罪司祭と悔悛者の手引書』には見られる典拠を示す欄外註記がなく、本文の分量も全体の半分程度に抑えられている。マカオ・コレジオにおいては、同版が良心問題決疑論の教科書として使用されていたと推測されている。(9) 同版はスペイン語のみが出版されており、これまでのところ他の言語による版は確認されていない。同版がスペインを中心に広く流布していたことが窺える。

同書には複数の改訂版が作成されている。ポルトガル人イエズス会士マヌエル・デ・サー（Manuel de Sa）は、アスピルクエタの手引書を改訂して項目をアルファベット順に配列した掌中版の手引書を作成している。[10] また、スペイン人イエズス会士エステバン・デ・アビラ（Esteban de Avila）は、一七世紀になってからのことであるが、同書の改訂版を作成している。[11] 同版も、項目をアルファベット順に配列した掌中版である。同版はサーの改訂版と同様に、アスピルクエタの記述に従って用語を検索できるようになっており、参照すべき典拠も欄外に示されている。なお、同書は、一七世紀初頭にマカオにおいて利用されていたことが確認されている。

アスピルクエタは、一四九三年、ナバーラ王国のバラソアインに生まれている。一四九一年または九二生まれという説もある。ナバーラ王国の出身ということで、当時、「ナバーロ博士」（Doctor Navarro）とも呼ばれていた。そのことから、主著『聴罪司祭と悔悛者の手引書』は、「ナバーロの手引書」（Manual de Navarro）として知られている。一五〇八年から一二年までアルカラ大学に学

6　Martin de Azpilcueta, *Manual de Confessores e Penitentes*, Coimbra, 1549.

7　浅見雅一「キリシタン時代における日本の良心問題の手引書――マルティン・デ・アスピルクエタとその周辺」（松田隆美編『書物の来歴、読者の役割』慶應義塾大学出版会、二〇一三年、所収）。

8　Martin de Azpilcueta, *Sumario de Confessores e Penitentes*, Valencia, 1570.

9　高瀬前掲『キリシタン時代の文化と諸相』。

10　Manuel de Sa, S. J. *Aphorisimi Confessariorum ex Doctorum sententiis collecti*, Venetiae, 1595.

11　Esteban de Avila, S. J. *Compendium summae seu Manualis D. Navarri : in ordinem alphabeti redactum, sententiasq omnes succincte complectens*, Madrid, 1614.

び、一八年にはフランスのトゥールーズ大学から教会法の博士学位を受けている。この頃、聖アウグスチヌスの律修司祭会に入会している。一五二四年にサラマンカ大学の教会法の教授に就任している。一五三八年にコインブラ大学教授、さらに同大学総長を務めている。ナバーラ王国出身の彼は、フランシスコ・ザビエル（Francisco Xavier）の母方の大叔父にあたる。そのため、彼はザビエルとは面識があり、ザビエルがイエズス会に参加する前後には何度か書翰のやり取りをしている。当初、彼はザビエルがイエズス会に参加することには反対していたが、やがて理解を示すようになっている。ザビエルの家では、彼が大叔父のマルティンのようになることを期待していたのである。その後、マルティンは、サラマンカ司教に就任したが、『聴罪司祭と悔悛者の手引書』を出版したのはその頃である。一五六七年、ローマ教皇庁の法律顧問に抜擢され、ローマに拠点を移した。一五九六年、ローマにおいて没している。(12)

良心問題は、社会における行動規範となるだけに、ヨーロッパの問題をそのまま布教地に適用するのではなく、布教地においてもその解決策が改めて議論されることが少なくない。ゴアのコレジオ院長フランシスコ・ロドリゲス（Francisco Rodrigues）は、インド、東南アジア、さらに日本における良心問題を議論している。ロドリゲスは、インド管区長アントニオ・デ・クアドロス（Antonio de Quadros）の没後にはその職務を継承しており、イエズス会の倫理神学者として知られていた。良心問題の特徴としては、すべての地域に対して同じ問題が等しく取り上げられているのではなく、地域によって議論の対象となる問題も、その比重の掛け方も異なっていることが挙げられる。例えば、インドや東南アジアにおいて重要であるとして取り上げられた問題が日本においては全く問題とならないことがあり、その逆もあり得るのである。ロドリゲスが取り上げた良心問題についてもすべての地域で同じ問題が重視されたのではない。

一五六七年頃、イエズス会のフランシスコ・ロドリゲスは、ゴアにおいて「インドの良心問題事例集」を作成している。インドにおける良心問題は、日本の場合とは取り上げられる問題の性質が異なっていた。インドや東南アジアにおいては、ヨーロッパの基準がそのまま適用される傾向にあったと言える。ロドリゲスが作成したインドの良心問題の事例集は、婚姻などの問題を中心としており、例えば、偶像崇拝論などはヨーロッパにおける禁止の原則をそのまま適用しようとしたことが窺える。一五七〇年、ロドリゲスは、同じくゴアにおいて「日本の良心問題事例集」を作成している。これは日本の良心問題について論じた最初の纏まった事例集である。ロドリゲス自身には来日経験はないが、ゴアには日本情報が蓄積されていたと考えられる。ロドリゲスの文書は日本布教長コスメ・デ・トーレス（Cosme de Torres）が日本から送付した諮問にロドリゲスが回答したものである可能性があるが、ゴアにおいてロドリゲスが諮問などを受けることなく事例集それ自体を作成した可能性もある。(13)

一五九二年、巡察師アレッサンドロ・ヴァリニャーノ（Alessandro Valignano）が行なった「日本の良心問題の諮問」は、これらの議論の上に立脚したものである。ヴァリニャーノは、この諮問

12　上智学院・独逸ヘルデル書肆共編『カトリック大辞典』Ⅰ（冨山房、一九四〇年）。
13　浅見雅一『キリシタン時代の偶像崇拝』（東京大学出版会、二〇〇九年）。

をヒル・デ・ラ・マタ（Gil de la Mata）にヨーロッパに持参させている。一五九五年頃、アルカラ大学のガブリエル・バスケスは、「日本の良心問題への回答」を作成している。[14] バスケスの回答は、まずイエズス会内で審査されている。この時、審査にあたったのは、アルカラ大学のファン・アソール（Juan Azor）、同じくムチオ・デ・アンヘリス（Muzio de Angelis）、そして外部の神学者であったミゲル・バスケス・デ・パディーリャ（Miguel Vasquez de Padilla）の三名のイエズス会士であった。他の回答についても、同様に最初の段階では同じ大学に所属するイエズス会士によって可否が審査されたものと推測される。次いで、イエズス会総長クラウディオ・アクアヴィーヴァ（Claudio Aquaviva）の承認を受けた後、公教会に齎され、枢機卿団、さらにローマ教皇クレメンス八世（Clemens VIII）の承認を受けたはずである。[15]

その他の回答としては、スペイン出身のイエズス会士へロニモ・デ・フロレンシア（Jeronimo de Florencia）の回答が存在していたことが分かっている。彼の回答は、公教会によって承認され、少なくともゴアには送付されたことが確認できる。[16] 彼の回答が日本にまで送付されたことは確認できないが、インドで止められてしまうような理由は確認できないので、恐らく日本にまで送付されたものと考えられる。ただし、フロレンシアの回答それ自体は現存しておらず、その内容までは確認できない。

ところで、アスピルクエタの手引書には、いわゆるキリシタン版が存在する。アスピルクエタ『聴罪司祭と悔悛者の手引書』（天草、一五九七年）は、日本のコレジオにおいてラテン語で印刷されたものである。全一冊とはいえ、それだけで一〇〇〇頁を超えるラテン語の大著が日本においても印刷されていたのである。同版から、日本においてもアスピルクエタの手引書がヨーロッパと同形式で印刷され、使用されていたことが分かる。同版はマニラの聖トマス大学図書館に所蔵されているが、現存する孤本である。(17)

同様に、マヌエル・デ・サー編『諸神学者の著作から抜粋した聴罪司祭のための倫理提要』（長崎、一六〇三年）は、北京の中国国家図書館が所蔵する「旧北堂文庫」に含まれている。「旧北堂文庫」とは、北京の北堂教会（西什庫教会）に付属していた図書館にかつて所蔵されていたものが、中国国家図書館に移管されたものである。現在、同図書館の善本室が「北堂書」として当該の図書群を管理している。同書自体は初版以降ヨーロッパにおいて版を重ねているが、キリシタン版は「旧北堂文庫」本が現存する孤本である。(18) 同版は、一六〇〇年刊のマドリード版を底本として印刷されたことが同版の「はしがき」から知られ、実際に現存するマドリード版が長崎版の底本であったことが確

14　Jesús López-Gay, S. J., "Un documento inédito del P. G. Vázquez (1549–1604) sobre los Problemas Morales del Japón", *Monumenta Nipponica*, XVI, 1960–61.　川村信三訳「日本の倫理上の諸問題について」（上智大学中世思想研究所編『中世思想原典集成　第二〇巻　近世のスコラ学』平凡社、二〇〇〇年、所収。

15　Jesús López-Gay, S. J., *El Matrimonio de los Japoneses; Problema y solucones según un ms. Inédito de Gial de la Mata, S. J. (1547-1599)*, Roma, 1964.

16　Joseph Wicki, S. J. ed. *Documenta Indica*, XVII, 1998, pp. 292-93.

17　豊島正之編『キリシタンと出版』（八木書店、二〇一三年）には、同書の天草版の写真が収録されている。同版についてはデータが公開されておらず、まだ十分な調査がなされてはいない。

18　高祖敏明『金言集』解説。

認できる。上記のアスピルクエタの天草版と同様に、サーの改訂版は日本向けのものとして印刷されていたのである。また、同書については、日本向けということを理由に、特に前版から改訂された形跡は確認できない。良心問題については、その基本形はヨーロッパの基準を日本に齎すことであったと考えられる。(19)

良心問題の手引書ではないが、当時の典礼のあり方を示すものに、日本司教ルイス・デ・セルケイラ『サカラメンタ提要』(長崎、一六〇五年)(20)がある。同書は、日本では東洋文庫、天理図書館、上智大学キリシタン文庫が所蔵しているが、中国国家図書館所蔵の「旧北堂文庫」には同書が四部所蔵されており、そのうちの一部には日本語付録が巻末に収録されている。(21)なお、日本語付録があるものは「旧北堂文庫」所蔵の同版のみである。このように、サーの編著を始めとするキリシタン版が中国でも確認されることから中国布教に日本の書籍が利用されたと考えられる。

二、トマス神学の教育

ペドロ・ゴメス(Pedro Gomez)の「講義要綱」は、日本におけるトマス神学の解説書としての性格を持つ。日本向けの神学が必要であることは、ヴァリニャーノが第二次日本巡察時にすでに指摘していた。彼は、それを日本のコレジオにおいて教育しようとしたのである。そもそも、基礎神学、とりわけトマスの『神学大全』第二部の二に相当する倫理神学については、日本という布教地においても特別なものが用意されるわけではなく、ヨーロッパと共通のものが想定されていたと考えられる。

日本向けの神学とは、日本向けの神学入門を意味すると考えられるのである。

良心問題とは、社会における行為の是非の問題である。ゴメスの「講義要綱」は、日本向けの神学とされているが、日本の良心問題にもある程度まで対応できるような性格を持っている。ただし、同書の枠組みは十戒を規範とする良心問題の手引書のものではなく、トマスの『神学大全』に沿ったものである。良心問題は、社会における行動規範としての性格を持っている。それ故、特定の行為の是非は、良心問題の範疇に入るのである。しかし、良心問題の対象は、社会における行為のみに限定されるものではない。思索もまた、「心中の行為」と捉えることができる。思索はその意味で良心問題として扱うことができるのである。例えば、偶像崇拝論は、社会における問題となるだけでなく、心中の行為の典型的実例であるとも言えるであろう。

トマス神学は、一三世紀にドミニコ会のトマス・アクィナス（Thomas Aquinas）が執筆した『神学大全』を基軸としている。一四九六年、枢機卿カイエターノ（Cayetano）、すなわちトマス・デ・ヴィオ（Thomas de Vio）の『トマス・アクィナス「神学大全」注釈』[22]が出版され、同書は『神学大全』の注釈書として版を重ねている。同書は、トマスの『神学大全』の本文を示したうえで、本文

19　浅見前掲論文。

20　Luis de Cerqueira, *Manuale Ad Sacramenta Ecclesiae Ministranda*, Nagasaki, 1605.

21　同書の日本語付録については、髙祖敏明『キリシタン版『サカラメンタ提要　付録』――影印・翻字・現代語文と解説』（雄松堂書店、二〇一〇年）を参照のこと。

22　Cajetanus（Thomas de Vio）, *Commentaria in Summarum Theologiam*, 1496.

に忠実に詳細な註釈を加えていったものである。イエズス会においても、同書はヨーロッパ各地の教育機関においてトマス神学の教科書として使用されていた。そうしたこともあって、同書はトマスの解釈のために参照されることが少なくない。また、シルヴェストレ・プリエリアス・マッツオリーニ(Silvestre Prielias Mazzolini)『伝シルヴェストレによる大全の大全』(ローマ、一五一六年)[23]は、項目別に配列した浩瀚な用語集のような形態であるが、『神学大全』の註釈書として以後は様々な場所で版を重ねている。

キリシタン時代の神学としては、日本準管区長ペドロ・ゴメス(Pedro Gomez)が執筆した「講義要綱」を挙げることができる。一五九二年に作成されたゴメス「講義要綱」のラテン語稿本は、現在、ヴァチカン図書館に所蔵されている。同書は、第一部「天球論」[24]、第二部「霊魂論」[25]、第三部「神学論」で構成されており、第三部が同書の過半を占め中核をなしている。一五九五年に作成されたゴメス「講義要綱」の日本語稿本は、オックスフォード大学モードリンカレッジ図書館に所蔵されている。ただし、日本語稿本では、ラテン語稿本には存在する第一部「天球論」が欠落している。一九九五年、イエズス会のアントニ・ウセレル(Antoni Üçerler)司祭が同図書館において日本語稿本の存在を確認している。[26] ゴメスの「講義要綱」の執筆は、本格的なトマス神学を日本に輸入することを意図していた。[27] そのために、日本向けの神学を必要としたのである。日本向けの神学とは、神学それ自体を改変することではなく、日本または日本人のための神学入門を作成することであったと考えられる。この時点では、イエズス会では、日本人を司祭に叙階することは事実上想定されていなかった。その意味で、同書はトマス神学の研究ではなく、神学入門に過ぎなかったのである。

良心問題と倫理神学との関係を考えるために、ゴメスの「講義要綱」における良心問題の扱いについて見ていく。同書には、十戒についての記述は少ないが、そもそもトマスの『神学大全』において十戒への言及は少ない。トマスの『神学大全』は、アスピルクエタの著作とは全体の枠組みが異なるので、それは至極当然のことである。同書は、ヴァリニャーノの諮問の基準で言えば、婚姻項目が存在しないことが指摘できる。婚姻については、十戒を取り上げた際に姦淫条と関連してわずかに言及している程度である。それ故、同書は悔悛の秘蹟における良心問題に完全には対応していないと言える。つまり、同書は、複数の場面で良心問題に言及しているとはいえ、実際には良心問題の手引書の

23　Silvestre Prielias Mazzolini, O. P., *Summa Summarum, quae Sylvetrina dicitur,* Romae, 1516.

24　「天球論」については、以下の研究を参照のこと。尾原悟「キリシタン時代の科学思想――ペドロ・ゴメス「天球論」の研究」（『キリシタン研究』第一〇輯、一九六五年）、伊東俊太郎『文明における科学』（勁草書房、一九七六年）、平岡隆二『南蛮系宇宙論の原典的研究』（花書院、二〇一三年）。なお、前掲尾原悟編著『イエズス会日本コレジヨの講義要綱』には、「天球論」の日本語訳が再録されている。

25　前掲尾原悟編著『イエズス会日本コレジヨの講義要綱』には、「霊魂論」のラテン語からの翻訳が収録されている。

26　同書発見の経緯については、前掲上智大学キリシタン文庫監修・編集『イエズス会日本コレジヨの講義要綱（コンペンディウム）』の「解説編」に記されている。その他、ウセレル・アントニ「近世日本におけるキリスト教信仰――イエズス会コレジヨの「講義要綱」にもとづいて」（『歴史学研究』第七五五号、二〇〇一年）には日本語稿本の特徴について分析されている。

27　ジラール・フレデリック「ペドロ・ゴメスの『講義要綱』の和譯（一五九五年）と日本の宗教」（『（早稲田大学東洋哲学会）東洋の思想と宗教』第二八号、二〇一一年）。

役割はほとんど果たしていないのである。

ゴメスの「講義要綱」は、トマスの基礎神学の研究書ではなく、神学入門の役割を果たしていたと考えられる。量的にもトマスの『神学大全』には及ばないのである。このことを前提とするならば、日本イエズス会における教育の順序は、「ゴメス「講義要綱」→アスピルクエタの良心問題→アリストテレス哲学→トマス倫理神学」であったと考えられる。アスピルクエタの良心問題の方がゴメスの「講義要綱」よりも教育に多大な時間が必要であったので、イエズス会ではこの順序で教育されていたと考えるのが妥当であろう。ゴメスの「講義要綱」は、神学入門の役割を果たしていたので、神学に付随するすべての問題を広く浅く論じることが必要であったと考えられる。同書は、神学論のみならず自然科学入門である天球論やアリストテレス哲学の入門である霊魂論までをも議論の対象としているが、それは神学入門として、基礎神学の習得に必要なすべての内容の初級編を考慮していたものと考えられる。

アルカラ大学の神学教授ガブリエル・バスケス（Gabriel Vasquez）は、当時のスペインにおいてはトマス神学を継承する倫理神学者として知られていた。そこで、彼が日本における良心問題の諮問に回答することになったのであるが、彼は実際には良心問題にはそれほど関心を払ってはいなかったようである。当時、ローマ・カトリック教会においては、いわゆる聖寵論争が進行していた。具体的には、スペイン人イエズス会士ルイス・デ・モリーナ（Luiz de Molina）とドミニコ会との間で、神の恩寵に関する論争が行なわれていたのである。スペインにいたバスケスにも神の恩寵と人間の自由意思に関する著作があるので、(28) 彼がこの問題に少なからず関心を抱いていたことが分かる。バスケスは、実際には、行為の妥当性を議論する良心問題よりも神学上の重要問題である聖寵論争に関心を抱いていたようである。しかし、そうした矢先に、アルカラ大学の神学者達がローマ教皇クレメンス八世（Clemens VIII）を冒瀆したとして告発されている。この異端審問にバスケスが巻き込まれており、嫌疑を受けて拘束されている。その後、バスケスの無実が証明されて釈放されるも、まもなく彼は没している。[29]

一七世紀に入ると、イベリア半島において、良心問題の手引書の流行が衰退を示している。その理由は明確には分からないが、次のようなことが考えられる。アスピルクエタの著作は、本来は聴罪司祭が良心問題の手引書として悔悛の秘蹟において使用する実用書であったが、やがて神学書のような形態に変化していっている。一七世紀に同書にはアスピルクエタの高利（ウスラ）の徴収の問題などを扱った経済倫理に関する論文などが収録されて増補され、当該書籍それ自体が肥大化していったのである。それに伴って、同書の版型も大型化していったのである。実用書として誕生した書籍がやがて神学書として扱われるようになったと考えられるのである。

一七世紀初頭、スペイン出身のイエズス会士フアン・アソール（Juan Azor）の『倫理神学』全三巻（ローマ、一六〇〇・〇六・一一年）[30]という大著が登場したことも良心問題の手引書の衰退に影

28　Gabriel Vasquez, S. J., *Commentariorum, ac disputationum in Primam Partem S. Thomae : tomus secundus*, Munich, 1599.
29　浅見前掲書。
30　Juan Azor, S. J., *Institutiones Marales*, 3 vols., Romae, 1600, 06, 11.

響しているものと考えられる。アソールは、かつてバスケスの回答を審査した神学者でもあった。当時、カトリック教会においては同書が倫理神学の決定打とされ、倫理神学の問題はすべて同書の記述に譲るということになったものと推測される。その反面、同書の成立によって、倫理神学が教条的かつ教科書的なものになってしまったと言われる。後にプロテスタント教会からは同書はたびたび非難され、時には揶揄さえされていた。一七世紀は、スペインにおいてはイエズス会とドミニコ会の間で議論が戦わされた異端審問の時代でもあった。アスピルクエタの著作は、初期の版において規定されていたものが第五ラテラノ公会議の枠組みによるものであったが、その後で開催されることになったトリエント公会議の枠組みに合わせるべく、一部の内容が改訂されて出版されたこともある。[31]しかし、一六世紀に同書はイベリア半島において流行していたが、アスピルクエタ本人が没すると、一七世紀には時代の流れに追い付けずに使用が下火になっていったものと考えられる。

次に、中国における良心問題の手引書のあり方について見ていく。一七世紀のマカオにおいては、前掲の『ナバーロの手引書の要点から引用した聴罪司祭と悔悛者の概要と要約』によって、イエズス会の高等教育機関において良心問題の手引書による教育が行なわれていた。[32]同書は改悛の秘蹟において使用できる実用書であるのと同時に、イエズス会において良心問題を教育するための教科書として聖職者の養成に使用されていたのである。[33]また、ヴァリニャーノの諮問とバスケスの回答は、中国における良心問題の規範とされたこともある。しかし、その一方で、中国語（漢語）で記された良心問題の手引書の存在は、少なくとも現在までは確認されていない。中国においては日本の良心問題の基準が参照されたとはいえ、それが一時的傾向に留まり、中国人司祭が使用可能な良心問題の手引書の作成には至っていなかったと考えられる。

日本司教ルイス・デ・セルケイラの『サカラメンタ提要』（長崎、一六〇五年）は、中国布教に従事していたルイス・ブリオ（Luis Buglio）、すなわち利類思『聖事禮典』（北京、一六七五年）と密接な関係を持っている。ブリオは、ラテン語の『サカラメンタ提要』の本文を漢訳してその一部を改訂し、それを『聖事禮典』として印刷しているのである。[34] このような典礼書の事例を考慮するならば、日本において使用された良心問題の手引書が中国においても使用されることがあり得たはずである。実際に、中国においては一部の良心問題に日本における解決策が適用または援用されたことが確認できる。[35] しかし、中国においては多数のヨーロッパの書籍が漢訳されているとはいえ、良心問題の手引書が漢訳されることはなかった。良心問題の基準については、一般信徒には必ずしも知らせる必要がないという考え方があったことは、こうしたものが漢訳されなかった理由になるかも知れない。ともあれ、中国においては良心問題の手引書は、中国人司祭が誕生した後であっても、典礼書のような形では発達しなかったのである。

ところで、良心問題のひとつに偶像崇拝論がある。これは十戒を規範とする良心問題においては、

31　Martin de Azpilcueta, *Capitulo veynte y ocho de las Addiciones del Manual de Confessores*, Zaragoza, 1570.
32　高瀬前掲『キリシタン時代の文化と諸相』。
33　同右。
34　安廷苑『キリシタン時代の婚姻問題』（教文館、二〇一二年）。
35　浅見前掲書、第六章。

第一戒から第三戒までの神に関わる問題である。偶像崇拝論は、中国における発展形態が典礼問題であったと考えられる。実際に、明代には日本の良心問題としての偶像崇拝論を、中国の典礼問題に対して適用または援用した事例が確認できる。このことから、良心問題としては、典礼問題は日本の議論が適用または援用されたことで解決していたはずである。しかし、結果的に典礼問題はこのような形では解決することはなかった。つまり、典礼問題に対しては、日本における偶像崇拝論とは別の要素を考慮する必要があると考えられるのである。(36)

おわりに

以上述べてきたことを纏めておきたい。

倫理神学と良心問題の関係については、イエズス会では良心問題の教育を重視していた。ゴメスの「講義要綱」の性格を考慮するならば、日本のイエズス会における教育の順序としては、「ラテン語→ゴメスの「講義要綱」→アスピルクエタの良心問題→アリストテレス哲学→神学」となっていたと考えられる。ゴメスの「講義要綱」は、日本向けの神学として知られているが、それは日本に特化した神学入門であることを意味している。そこから良心問題に対応可能な部分がある。神学入門としての性格から、当時最先端の科学であった天球論やアリストテレス哲学の入門である霊魂論を含んでいたのである。

良心問題は社会における問題なので布教地によってその性質が異なる。それ故、良心問題決疑論は、地域的普遍性の担保が不可能または困難であるという性質を持っている。日本においてもアスピルクエタの良心問題の手引書が尊重されて使用されていたが、それでは対応できない事例については別個に議論されていた。ヴァリニャーノの諮問はその典型である。しかし、彼の諮問の位置づけには曖昧な点が残る。つまり、彼の諮問はアスピルクエタの手引書を補完するものではなく、ゴメスの「講義要綱」を補完する性質を持つと考えられるのである。アスピルクエタの手引書は、あくまでも司祭または司祭となる者の使用を前提とするものであって、日本人イエズス会士が使用することを考慮したものでなかった。しかし、日本においてそれを使用するために内容の補完が必要であったが、実際、日本人聖職者の必要性を考慮するならば、良心問題の手引書ではなく神学入門を補完するものであった。

日本布教とその延長上にある中国布教は相互に比較が可能である。良心問題については、中国では日本の議論を適用または援用していた。中国ではヨーロッパの書籍が漢訳されて使用されていたが、典礼などの問題については日本向けの典礼書が中国向けに改訂されて印刷されていた。さらに、中国の典礼問題に対しては、日本の偶像崇拝論を適用または援用することが試みられた。しかし、典礼問題の議論はそれだけでは解決しなかった。また、中国では、良心問題の手引書が漢訳されたことはなく、日本において印刷されたほどには発達しなかったのである。

36　同右。

（付記）本章の校正中、桑原直己・島村絵里子編『イエズス会教育の歴史と対話――キリシタン時代から現代に至る挑戦』（知泉書館、二〇二〇年）が出版されたことを知った。同書所収の以下の三論文は本章と密接に関係しているので、併読していただければ幸いである。川村信三「キリシタン時代の日本――初期イエズス会の日本宣教」、桑原直己「キリシタン時代の日本におけるイエズス会学校」、M・アントニ・ウセレル「日本語訳におけるアリストテレスとトマス・アクィナス――ペドロ・ゴメスの『イエズス会日本コレジヨの講義要綱』（1593-95）」。

第六章　キリシタン信仰と宗教の民衆化
——死生観に見るキリスト教受容の様相

狭間芳樹

はじめに

宗教の民衆化について論じるにあたり、そもそも民衆とはどのような人々を指すのであろうか。歴史研究の社会史学的立場からいえば、支配者階級に対する被支配者階級を指し、大橋幸泰氏は、民衆の一員として被支配者階級の一般信徒を「キリシタン民衆」と呼んでいる。[1] かたや東馬場郁生氏は、かねてより被支配者階級というイメージを避けるために、敢えて民衆と呼ばず「受容者」[2] とい

1　大橋幸泰『キリシタン民衆史の研究』東京堂出版、二〇〇一年、三—六頁。
2　東馬場郁生『きりしたん史再考——信仰受容の宗教学』天理大学附属おやさと研究所、二〇〇六年、二〇七—

う言葉を用いてきた。そのうえで「ヨーロッパから宣教師が伝えようとした〈キリスト教〉には決して還元されない、彼ら独自の信仰世界を指すのに相応しい言葉」として、平仮名で「きりしたん」と表現している。[3]

以下、本稿ではそうした先行研究を念頭に置きながら、とくに社会的弱者を民衆と見なし、彼らの死生観などを手がかりに信仰受容の様相を探りながら、近世日本におけるキリスト教の民衆化について考察する。

一、キリシタンの死生観

(一) キリシタンと葬送儀礼

「慈悲の所作」(Operação de misericordia) とは、キリストの教えにもとづいた信徒たちの肉体的・精神的な日常的実践を示すものである。慶長版、天正版いずれの『どちりいなきりしたん』にも「此外きりしたんにあたる肝要の条々」として「死骸を統むる事」[4]があげられているように、キリスト教が死者に対してどのような葬送儀礼をおこなうかは当時の日本人にとって重要な関心事であった。

ルイス・フロイス (Luis Frois, 一五三二―九七) は、一五六五年二月二〇日付の書簡で日本人の死生観について次のように報じている。

日本人たちは死後には何もないと大多数の者が確信して、子孫たちに対して名声を永く伝えることを強く願望しているので、彼らが過度に評価し、そのために彼らの仕合わせの大きな部分を占める事柄の一つは、彼らが死んだ時の葬儀の壮麗さと豪華さにある。(5)

もっとも、豪華な葬儀をおこなうことができたのは当然ながら一定以上の身分にある者であり、多くの一般民衆には叶わないことであった。ところが、キリシタンの葬儀は富裕層・貧困層といった身分、あるいは男女の分け隔てなく同じ形式で執りおこなわれたのである。

ドゥアルテ・ダ・シルヴァ（Duarte da Silva, 一五三五頃―六四）の「一五五五年九月一〇日付書簡」には次のように報じられている。

人びと（異教徒達）が自分の父に対しても、死ぬとすぐに彼等が［いつも］使用している［表］門を通って［彼を］通すのではなく、人びとが彼を見ないように、［また彼等に祈りを聞かれな

二〇〇九頁。

3　東馬場郁生『きりしたん受容史――教えと信仰と実践の諸相』（キリシタン研究第五〇輯）教文館、二〇一八年、一八頁。

4　ここでは慶長版（一五九一年）の国字本を引用した。『キリシタン書・排耶書』（日本思想大系二五）海老沢有道他校注、岩波書店、七六頁。

5　Jap. Sin. 5. f. 201, 203. Cartas. I. ff. 174v.-175, 176.　五野井隆史『キリシタン信仰史の研究』吉川弘文館、二〇一七年、二六四頁。

いよう」裏門を通って埋葬のために彼を運び出す［だけでなく、彼等は他にも残酷な事を行ないます。そして、死者に対しては坊主達までが、誰かが死にかけている時には、家の中で死なないようその人を家の外に置いています」。そして、キリスト教徒達が、最も貧しい者たちに対しても富裕な者たちに対するのと同様の敬意を払っている彼等の慈愛と兄弟愛を見る時、そして、同じように［尊敬の念を込めて］彼等を埋葬していますので、彼等はたいへん感化を受けています。そして、私達の主であるキリストの教えと同じものは他にない、と言っています。(6)

このほか、キリシタンの葬儀においては、死者を追悼する目的から貧者に食事が供与されたことも従来の仏教による葬儀と異なるところであった。しかもそうした施しは四日間つづき、さらに建築が予定されていた貧者たちには調度品が供与されたという。(7)

中世の前期頃までの日本において、身分の高い者は立派な葬儀を執りおこない、火葬もしくは土葬に付されていた一方で、貧しい僧侶も含めて一般民衆の多くは風葬であった。そうしたなか、使用人が家内で亡くなると死穢が生じると考えられていたため、まだ息のある間に放り出したという貴族の話が、『閑居友（かんきょのとも）』（一二二二年）などの鎌倉時代中期の仏教説話に見られ、社会の周縁に追いやられた人々や弱者は風葬、しかもひどい場合には遺棄の対象となっていたことがうかがえる。(8)

このシルヴァの報告には「異教徒達は、死者を埋葬する私達の方法にたいへん啓発されています。私達が初めて死者を埋葬した時には、それを見に三〇〇〇人以上の人びとが私達に同行しました」(9)とあり、当時の時代状況のなかで、あまねく人々に均しくおこなわれるそうした葬儀を目にした人々がキリスト教に対して大いに関心を示したことは想像に難くない。

なお、五野井隆史氏によれば宣教開始初期の葬儀はもっと質素なものであったが、このような葬送儀礼のあり方は一五六〇年代の初頭にはすでにかなり定着していたようである。(10)

(二) キリシタンにとっての「至福」

慈悲の所作は、『おらしよの翻訳』(一六〇〇年刊) にも記されていることから、多くのキリシタン民衆が暗誦し、唱えていたことが推察される。そのなかの一箇条には「べなべんつらんさは八あり」(11) というものがある。「べなべんつらんさ (benaventurança)」とは「至福」の意であり、つまり「真福八端」を指す。「心の貧しい人は幸いである」にはじまる「山上の垂訓」(「マタイによる福音書」五―七章) の最初に記されており、キリスト教の中心的教義を包括した説教としてよく知られている

6 東京大学史料編纂所編『日本関係海外史料 イエズス会日本書翰集』訳文編之二・下、二〇〇〇年、五四―五五頁。
7 五野井、二〇一七年、二五五頁。
8 勝田至「中世民衆の葬制と死穢——特に死体遺棄について」『史林』七〇―四、史学研究会、一九八七年、三六八―三七九頁。
9 東京大学史料編纂所、二〇〇〇年、五四頁。
10 五野井、二〇一七年、二六八―二六九頁。
11 尾原悟『きりしたんのおらしよ』(キリシタン研究第四二輯) 教文館、二〇〇五年、六六―六七頁。

聖句であるが、当時の日本人に向けて『どちりいなきりしたん』では次のように説かれていた。

ベナベンツランサは八つあり。一つには、スピリツの貧者は、天の国を持つことによって、ベアトなり。二つには、柔和なる者は、地を進退すべきによって、ベアトなり。……八つには、ジユスインシヤに対して（＝義のために）辛労を凌ぐ人は、天のみ国を進退すべきによって、ベアトなり(12)

ここでは「心の貧しい人」という一節に、「スピリツ（Spiritu「霊」）の貧者」という表現が用いられている。たとえば使徒ルカが「貧しい人は幸いである」（「ルカによる福音書」六章）と記したのに対して、使徒マタイは、このイエスの聖句が単に現実世界の貧しさを意味するものではないことを明確にするために「心の……」との言葉を補ったのであるが、この点がまさにキリシタンにも正確に伝えられていたことがわかる。かつてイエスの言葉がガリラヤで生きる人々に希望の光を見いださせたように、同じく艱難辛苦のなかでの生活を強いられた一六世紀日本の社会的弱者にその垂訓が伝えられた際、彼らにもまた希望が与えられたのであろう。

ところで、一五九一（天正一九）年版の『どちりいなきりしたん』では、キリシタンにとっての「幸福」が「ベアト（Beato）」というポルトガル語で表現されていたにもかかわらず、一六〇〇（慶長五）年版では日本語の「果報」に修正されている。「果報」とは、もともとサンスクリット語の「ビパーカ（vipaka）」からの訳語であり、過去に原因となる行為があり、それにより招かれた結果を報いとして得ること、つまり前世での善悪さまざまの所為が原因となって、現世でその結果として受けるさまざまな報いのことを意味する仏教語である。しかし、『日葡辞書』では「Quafô（果報）」は「幸運」「幸福」、また「Quafôxa（果報者）」を「幸福でしあわせの良い人」と説明されており、一六世紀においてこの言葉がすでに仏教的な意味ではない、ごく一般的な表現として使われていたようである。

同様な事例は他のキリシタン版にも確認でき、ヨーロッパにおいて中世以降、聖書に次いで読まれた信心書『イミタティオ・クリスティ』（De Imitatione Christi）が日本において『コンテムツスムンヂ』との書名で出版された際、一五九六（慶長一）年のローマ字本『コンテムツスムンヂ』では、デウスの「意志」という語にそのままポルトガル語の「おんたあで（Vontade）」があてられたのに対し、一六一〇（慶長一五）年の国字本では、自己の内面的な悟りを意味する「御内証」へと修正されている。「内証」とはこれもまた自己の内面的な悟りを意味する仏教に由来する言葉であるが、『日葡辞書』には「デウスのご内証」という用例があがっており、「神の御意志」を表す訳語として用いられたのである。[13]

12　海老沢有道他編著『キリシタン教理書』（キリシタン研究第三〇輯）教文館、一九九三年、一六〇頁。
13　拙稿「A・ヴァリニャーノによる仏教語使用の企図」『アジア・キリスト教・多元性』一三、二〇一五年、三七―四一頁。

(三) 仏教語の援用

イエズス会は宣教開始後間もない一五五五年に「害になりうる五十以上の語」を選定したことは、以下のバルタザール・ガーゴ (Balthasar Gago, 一五一五―八三) による書簡にうかがえ、害になりうるそれらの語はイエズス会士が理解しておく語ではあっても、説教にあたっては使用すべきではないと位置づけていた。

我らは長い間、これ [日本語] を利用して彼らに真理を説いてきたが、私は彼らが自らの宗旨の中でその言葉を用いることに気付いてからは、直ちに言葉を変更した。何となれば、欺瞞や虚偽の言葉を用いて真理を説こうとしたこと (により)、彼らに誤解を生じていたからである。それ故、有害と思われる言葉については、ことごとく我らの言葉を教えている。……たとえば、彼らにクルスの意味を説く場合も同様で、彼らはこれを彼らの言葉で十文字と呼ぶ。これはクルスの形をした彼らの文字であり、十を意味するので、単純な者はクルスとその文字は同じものだと考える。したがって、終始、一語ごとにその意味を説くか、もしくは言葉を変更せねばならず、害になりうる五十以上の語を同様に (処置した)[14]。

そうしたなかキリシタン版の編纂にあたり、仏教語が積極的に採用された理由や背景について、これまで多くの研究がなされてきた国語学的観点からの分析では、「此の新来の宗教が、その教義を説明する場合に、なるべく日本人の耳に親しい仏教上の言葉を仮り用いた」[15]との推察、あるいは「一五九六年には初期のキリスト教伝来時とちがい、仏教上の内容と混同されることは少なかった……仏教上の言葉を仮り用いながら、混同されずに使用できる言葉が残ってきたと受取りたい」[16]といった見解が示されており、従来はその背景として、仏教語としての意味が希薄になっていたことが指摘されてきた。

確かに『日葡辞書』では「内証」の語が「内心、または意志」と説明されており、仏教語であるとは注記されていない。『日葡辞書』に記された約一五〇〇の仏教語の中に含まれていない以上、キリシタン版の編纂が進められた頃には「害にならないレベル」での仏教語が普通語だと認識されていたという見方は必ずしも否めないであろう。しかしながら『日葡辞書』において仏教語だと注記されている「解脱」などもがキリシタン版に確認できることを考えると、そうした理由だけでは一概に説明がつかない。したがって、彼らが丹念に日本の諸宗教を研究した結果、仏教語を巧みに援用することが日本人への教化にあたり、有益だと判断された、という積極的な意義を認めたい。

なお、先の「果報」という言葉については、先行研究で「現世中心主義によって意味変化をきたし

14 「一五五五年九月二十日付、平戸発信、バルタザール・ガゴの国王ジョアン三世宛書簡」『十六・七世紀イエズス会日本報告集』Ⅲ―一、東光博英訳、同朋舎出版、一九九七年、一八七頁。
15 橋本進吉『文禄元年天草版 吉利支丹教義の研究』東洋文庫、一九二八年、九六頁。
16 松岡洸司「コンテムツス・ムンヂの背景」『キリシタン資料集成 コンテムツス・ムンヂ』勉誠社、一九七九年、一七頁。

ていた仏教語」を、イエズス会が「本来の意味に引き戻した」[17]のではないかとの指摘がある。これは確かに首肯できるもので、かつて因果応報という来世観をもって用いられた言葉を採用することにより、当時の人々にキリシタンの来世観への理解を促したと考えられる。

こうした援用は用語だけにとどまらず、仏教の教説がそのまま転用されている例も確認できる。たとえば『ぎやどぺかどる』（一五五六年刊）には、本願寺第八世蓮如（一四一五―九九）の「白骨の御文」の一節を彷彿とさせるくだりがある。またこれは『コンテムツスムンヂ』にも見られ、「死するの観念の事」との章には「朝には夕に至らんと思ふこと勿れ、又夕には朝を見んと思ふこと勿れ」とある。その他、キリシタン版には『倭漢朗詠集』や『太平記抜書』（一六一一―一四刊）なども見られるが、前者『倭漢朗詠集』が収められたキリシタン版『朗詠雑筆』（一六〇〇年刊）には「九相歌並序」「無常歌」というものが含まれている。「九相」とは絵巻などでも知られるように女性の屍体が白骨化し、土灰に帰すまでの九段階を指し、それらを観想することにより肉体の儚さを自覚し、生への執着を滅却するという仏僧の修行のひとつである。[18]

中世末期のヨーロッパでは終末観のひろがりとともに「メメント・モリ（死を想え）」、すなわち人は必ず死ぬということを忘れてはならないという格言が人々の心をつかみ、キリスト教徒の場合、この世での贅沢や享楽が虚しいものだと強調されたが、戦国乱世の当時の日本においても無常は意識せざるをえず、かといって既存の神仏では救いを得られないと感じていた人々にとって、来世での救済が希求されるようになっていたのであろう。なお、この点についてトロヌ・カルラ氏は、イエズス会がその根底にある仏教概念の重要性を把握し、「日本人にとってより分かりやすく死や死後について

のキリスト教の教えを説くため」にこうした九相歌などを用いたのではないかと推察している。(19)

(四) 無常という死生観

無常観自体は鴨長明の『方丈記』はもとより『万葉集』など、蓮如以前にも見られるものである。ただし、蓮如の場合、「されば、人間のはかなき事は、老少不定のさかいなれば、たれの人もはやく後生の一大事を心にかけて、阿弥陀仏をふかくたのみまいらせて、念仏もうすべきものなり」(『御文』五帖・一六通)、人間は無常であるから世を儚むのではなく、「人間のはかなき事は、老少不定のさかい」であるという事実、死が定まっていないことをきちんと見据えて、「後生の一大事」である自らの生き方を積極的に見いだすべきことが説かれており、そこが従来の無常観と異なるところで

17 米井力也『キリシタンの文学――殉教をうながす声』平凡社、一九九八年、二二一頁。
18 山本聡美氏は、中世以来の日本における九相観が「即物的に死体の不浄を論じるだけでなく、無常観を加味することで在家者にとって身近なものとして九相観が説き明かされ」たこと、そして鴨長明の『方丈記』冒頭の一節を引きながら、「数ある仏教語の中で、最も深く日本人の精神に浸透したのが「無常」ではないだろうか」との見解を示している(『九相図をよむ――朽ちてゆく死体の美術史』角川学芸出版、二〇一五年、二八―二九、四二―四三頁)。
19 トロヌ・カルラ「イエズス会の霊性と「九相歌」」『キリシタンが拓いた日本語文学』明石書店、二〇一七年、一一四―一一五頁。

あった。[20]

日本人修道士ハビアン（一五六五—一六二一）が一六〇五年に著した『妙貞問答』の上巻「浄土宗之事」では「後生」についてふれられており、尼僧妙秀が、自らが浄土宗の僧侶であることを告げ、他の仏教諸派が来世の存在を否定していようとも、浄土宗にかぎっては後生が確かに存在していることを力説する。[21]しかし、これに対して女性キリシタンの幽貞は、浄土宗が説く「現世安穏、後生善処」にしても、仏教の立場にある以上、それは極楽であったとしても実在せず、「浄土宗ニモ後生ハナキト心得タル物ニテ侍リ」[22]、つまり後生の扶かりはキリシタンの他になしと論断している。

なお、ハビアンのこうした記述について東馬場氏は「重要な疑問」として、「後生の救済を明らかに強調する中で、なぜ現世での安楽を語るのか」との疑問を投げかけた上で、その理由を次のように見いだしている。

「後生の扶かり」を強調する日本人の宗教意識をさらに詳しく見ると、そこには、死後の救済だけではなく、現世での利益（現世安穏）に対する期待もあることが分かる。……日常の生活の中で病気や貧困などさまざまな困難を経験する人々が、まずはその解決を神仏に願ったのは当然のことであり、死後の救済を最終目標にかかげる宗教でも、現世においてなんらかの救いを与えられなければ、広く民衆が受け入れることはなかっただろう。[23]

すなわち、当世において来世での救済が強調されようとも、一方で多くの人々は現世での幸福も求めていたのは間違いなく、それを端的にあらわしたのが「現世安穏、後生善処」という表現だったというわけである。

ならば、前掲したフロイスの書簡のなかに記されていた日本人の死生観、「葬儀の壮麗さと豪華」[24]を人々が求めたことも現世での幸福のひとつだったのであろうか。

二、祖先供養と一神教的思惟

当時の人々が死者の祖霊（祖先）を偲び、その供養を熱心に求めたことは宣教師の頭を悩ます問題のひとつであったが、そこで葬儀に関連して次に祖先供養について考えてみたい。五野井氏によると、とくに「日本における死者および祖先の霊に対する思いの深さと……供養の有りようについて」「どのように対応すべきかは、ザビエル以来直面した重要な課題」[25]であったという。そのひとつに盂蘭盆会というものがある。これは盆の時期におこなわれる祖霊を供養する法要であり、「盂蘭盆」

20　拙稿、二〇一五年、四〇頁。
21　海老沢、一九九三年、三四八頁。
22　同、三五四頁。
23　東馬場、二〇一八年、一五四頁。
24　五野井、二〇一七年、二六四頁。
25　同、二六七頁。

とは、サンスクリット語の「ウランバナ（ullambana）」、すなわち「倒懸」を意味する。ロドリゲス（João Tçuzu Rodriguez, 一五六一／六二―一六三三）は『日本教会史』において、「死者がこの世にやって来る許しを受ける」と無知な者たちが信じて、死者たちの祝いをしていると述べているが、[26]その対応がかなり早い時期よりおこなわれていたことは、フロイスが一五五五年のこととして『日本史』に記していることにもうかがえる。

なお、本来は必ずしも盆の時期におこなわれるとは限らないものの盂蘭盆会と連動した法要に「施餓鬼供養」がある。これは『救抜焔口餓鬼陀羅尼経』なる経典に由来があり、六道のうちのひとつ餓鬼道で苦しむ衆生に食事を施し、供養するという話が、祖先への供養へとひろがったものであった。もっとも親鸞の場合、「現生正定聚」、つまりこの世で生きている「現生」のあいだに「正定聚」（浄土に往生することが定まっており、必ず仏になることが決定している人々のあつまり）のなかに入るという往生観のため、そうした供養自体が否定される。また、民間信仰や呪術的発想（迷信）を排除することが一向宗徒には求められ、それが他の仏教諸宗派との大きな差異でもあるが、この点に関して、かねてより「キリシタンと本願寺派」について組織面などから両者の類似性を指摘してきた川村信三氏は、一向専修念仏を説く一向宗の教えが「キリスト教的な明確な一神教を示していなくとも、唯一の信仰を対象に据えるという点ではあくまで〈一神教的思惟〉と呼んでさしつかえない」[27]と言う。またその上で、次のように論じている。

一神教的思惟の観点から、「民間信仰」に当たる神々を認めない立場を貫くことによって、本願寺派とキリシタンは信仰共同体の徹底した一致と凝集性を示す……特に民間信仰について祟り神・流行神・物忌み・禁忌（タブー）・怨霊信仰・祖先信仰などのさまざまな「囚われ」からの解放が成就することによって、より確実な「安心」を得るという精神的保証を獲得したという点は重要である。(28)

さらに、民間信仰に対して「否定的態度をみるとき、その民衆に与えた強いインパクトが読み取れる」こと、また「複雑に入り組んだ民間信仰をすべて取りはらい、信心のポイントを一つに絞り、信仰の形態を簡潔にしたという点で、両教は、民衆への浸透を加速させた」と説明する。

民衆層のキリスト教受容については、受洗した民衆のなかで、どれだけ教理を理解し、自己の信仰として内面化できたのか、あるいは、はたして一神教的要素を受容した様子があるのかといった疑問が呈されるが、上記のような川村氏の見解に則れば、キリシタン民衆が多神教的なものを排し、一神教的に接近した可能性は十分に考えられる。

くわえていえば、大桑斉氏は戦国初期の五山派の禅僧である横川景三（一四二九―九三）が発見しようとした宇宙の原理についての思惟と蓮如の阿弥陀仏観とを比較検討した上で、両者には究極原理

26　ロドリゲス『日本教会史』上巻、土井忠生他訳、岩波書店、一九六七年、四三九頁。
27　川村信三「日本イエズス会の他宗教観」『超領域交流史の試み――ザビエルに続くパイオニアたち』川村信三編、上智大学出版、二〇〇九年、三七五―三七六頁。
28　同、三八〇頁。

と秩序原理への志向が共通して認められると論じている。(29)横川の思惟が「禅に老荘・儒の諸思想を融合論的に取りこみ、それらを貫徹する究極原理を発見」し、それに基づいて自己の思想を構築する「思想的営為」であったという氏の指摘は、一見すると融合論的思惟に見える思想が「唯一絶対の究極原理を発見しようとする点で、一神教的思惟と基本を同じくするものであり、単一原理による世界の秩序づけを希求するもの」であったことを明らかにするものである。(30)こうした氏の論に依拠するならば、横川たち知識人層におけるそのような思想的営為と同じ方向性をもった精神的欲求が、民衆層ではキリシタン信仰におけるデウスという唯一絶対の究極原理を受容するなかに顕現したとも考えられないだろうか。つまり、キリシタン信仰における一神論的思惟の性格として、単一原理による世界——現世と来世の秩序をキリスト教の教理が当世の人々に提示したということなのである。

したがって、キリシタン世紀においてキリスト教が多くの信徒を獲得した要因としては、一神論的思惟を提供したこと、すなわちキリシタン信仰が当時に求められた時代思潮に適合的な内容をもつものであったと考えることができる。そして、一神論的思惟の枠組みをデウスにおいて捉えたのであれば、キリシタンたちの信仰受容とその真正さを示しているとも言ってよいように思われる。

以上、来世での救済や一神教的思惟が両者に通底することを見てきたが、そこで次の問題として浮かびあがるのは、そのように類似性をもつなかで、一向宗徒がキリシタンへと改宗しなければならなかった動機はどこにあるのか、ということである。これについては本稿の最初に紹介した葬儀の様子に手がかりを見ることができる。

三、罪穢と死生観

（一）ヴァリニャーノの見た仏教と女性

人が亡くなった際、「裏門を通って埋葬のために彼を運び出す」だけでなく「死者に対しては坊主達までが、誰かが死に懸けている時には、家の中で死なないようその人を家の外に置」くとの様子は、葬屋（もや）のことであろう。これは産屋（うぶや）や他屋（月経小屋）などと同じく、穢れの生じる者を社会的に隔離する小屋の一つである。『日本民俗事典』には、産屋とは「産のための別小屋で、産婦が、産の忌の期間（二一日ないし七五日間）、別火を送る所」[31]と説明されているが、[32]葬屋もまた、かつての日本で見られた因習のひとつであった。

イエズス会はそうした日本の「穢れ」についてどのように見ていたのであろうか。巡察師アレサン

29　大桑斉「戦国思想史における原理と秩序――五山僧横川景三の思想から」『日本近世の思想と仏教』法藏館、一九八九年、三七―五八頁。
30　同、五五頁。
31　『日本民俗事典』弘文堂、一九九四年、七三頁。
32　産屋は病院での出産の増加や医学知識の普及に伴う穢れ観念が衰退する大正期まで見られたとされるが、板橋春夫によれば、「産屋が遅くまで残った地域でも昭和三〇年代がおおむね終焉時期になっている」という（「産屋習俗の終焉過程に関する民俗学的研究」『国立歴史民俗博物館研究報告』二〇五、二〇一七年、八一頁）。

ドロ・ヴァリニャーノ（Alessandro Valignano, 一五三九―一六〇六）は『日本のカテキズモ』（一五八六年刊）のなかで次のように述べている。

女人は本性が忌み呪うべく不浄であるので、この浄土に入ることは許されぬと言われている。また仏によって教化、形成された者が仏法を犯すと、現世を去った後に六道と言われる地獄のある場所に堕落し、其処で六種類の罰をうけ、以後その拷問重刑から決して解放されぬと教えられている。(33)

ここでの「女人は本性が忌み呪うべく不浄」というのは、「ひとたび男性に成ることで成仏しうる」という、いわゆる「女人不成仏説」を彷彿させる。なお、インドや中国の仏教には見られない日本仏教に特有のこうした考えは、九世紀から一〇世紀頃には登場しており、その後「女人結界」と「ケガレ」観念とが結びつくなかで、仏教の女人不浄観が生み出されるに至った。

女人往生を説く親鸞の和讃のなかには、「変成男子」「五障三従」(34)といったことについての説明がなされている。(35)したがって浄土教においても女人成仏、女人往生の思想が説かれている以上、女性が浄土に入ることが許されていないというヴァリニャーノの理解は一見誤りのように思えても、一向宗徒に説かれる女人救済論があくまでも「死後の変成男子」を前提としていたことを踏まえれば、むしろきわめて正しく理解していたと評することができる。

戦国期以降も仏教のそうした女性差別観に大きな変化が訪れず、五障三従の思想が民衆層に深く浸透していたのであれば、積極的な女性救済を説くキリシタンの教えに共感する者が増えたことは大いに考えられる。

（二）女性の救済

一五九六年度の「日本年報」には、「デウスと阿弥陀の間に差異はな」く、「もしデウスには初めも終りもないなら、阿弥陀についても同様である」と明言し、阿弥陀を信心し、キリシタンを忌み嫌う、ある一向宗徒の女性についての記述がある。

デウスが、人々の救済のために多くの苦しみを味わったのが真であるなら、阿弥陀もまた同じ目的のために、何千年も非常にひどく辛い罰を償ったのである。それゆえ自分は、こんなに尊崇していて、そのために自分のすべての勤めを奉仕しようと思っている阿弥陀への礼拝を棄てなけ

33　ヴァリニャーノ『日本のカテキズモ』家入敏光訳編、天理図書館、一九六九年、六頁。
34　変成男子とは、女身では成仏できないとされたために男子に変わり仏になることであり、また五障三従の「五障」は『法華経』提婆達多品にみえ、女性は梵天・帝釈天・魔王・転輪聖王・仏になれない」こと、「三従」は女性が「親・夫・子供に従うもの」とされる考え方のことを指し、いずれも仏典に見える女性蔑視文言である。
35　西口順子『中世の女性と仏教』法藏館、二〇〇六年、一二八―一三〇頁。

ればならず、そして異国の新しい法を守らねばならぬ理由は見あたらない、と。(36)

しかし、彼女は「説教を聞くと非常に秩序立てて、賢明に多くの質問をし」た結果、「ついに納得して真理を認め、これまでの生涯のすべての汚れを洗い浄めた」という。なお、賢明なこの女性がキリシタンへと改宗したことで、その後多くの一向宗徒が後につづいたとも記されている。

篤信な一向宗徒がこのとき如何にしてキリシタンの教理を受容したのか。イエズス会は仏教のなかでも、とりわけ一向宗を厭うべき存在だと見なしていたが、その理由は「罪を背負いながら、自らはこれを罪とは考えていない」ところにあった。

一向宗と称する宗派……は非常によく信奉されており、人々の大半はこれに属している。（その宗主は代々世襲であり）……罪を背負いながら、自らはこれを罪とは考えていない。(37)

これはいわゆる悪人正機を指していると思われるが、ここでの女性は修道士から説教を受け、また質疑を通して、最終的に自らの罪を認めて、洗礼により「汚れを洗い浄めた」というのである。

なお、「阿弥陀もまた同じ目的のために、何千年も非常にひどく辛い罰を償った」というのは、『大無量寿経』の法蔵物語のことであろう。もっともこの女性が『大無量寿経』を精読していたとは考えがたいものの、その知識量に鑑みれば、五障三従の身であるため、生前は女人禁制の山々や聖なる空間と見なされた堂内の内陣に入ることが許されていなかった当時の女性たちが、死後（後生）において、浄・不浄の観念の外に置かれる遺骨の納骨という方法により、ようやく成仏できる、[38]という女人往生の思想をある程度正確に理解していたと考えてよいだろう。

（三）洗礼の理解

ヴァリニャーノは、『日本のカテキズモ』において、まず、「第一の秘跡は洗礼である」こと、そして洗礼について「水をもって外的に洗われ、内的には神的な光を注がれて、資格を受け」、「これによってデウスの養子となり、キリスト教徒たる名の品位を、すばらしい原理をもって受けることになる」と論じている。また、

この聖なる洗浄で、信仰の天上的な賜物が神の恩恵によって人間に与えられ、またこれによってすばらしく装備された者は、われらの主で擁護者に在すキリストの神秘的な御業と教えとを、

36 「一五九六年一二月一三日付、長崎発信、ルイス・フロイスの一五九六年度、年報」『十六・七世紀イエズス会日本報告集』Ⅰ—二、家入敏光訳、同朋舎出版、一九八七年、一四九頁。
37 「一五六一年八月一七日付、堺発信、ガスパル・ヴィレラのインドのイエズス会修道士ら宛書簡」『十六・七世紀イエズス会日本報告集』Ⅲ—一、東光博英訳、一九九七年、四〇三頁。なお（　）内は狭間による補足。
38 西口、二〇〇六年、一二六—一二八頁。

絶えず宣言するのが普通である。また彼らは、デウスの啓示により、教会に認められ、かつ受け入れられた種々の宣言を敬虔に受けて、それを大事に守る。……この洗礼の秘跡で、どんな重罪でもすべて赦免される。[39]

と説明した上で、さらに第二の秘跡として悔悛へと話は進む。そこでは「赦免の恩恵が与えられるのは、罪を犯した彼らが不潔で恥づべき生活を悲しく思って忌み嫌い、より清らかな生活へのはげみのために、すべての罪を正しく告白し、そして神的律法の誡命によって、教化されて、心からより清らかな生活へはげむことを熱望する限りにおいて」であり、デウスはこの秘跡の「受領の後に、いとも慈愛に満ちた目を、再びわれらに向け……それゆえ悔悛の秘跡は入浴のようなもので、罪の汚れで醜くなった人間の魂は、この秘跡で正しく洗い浄められ……絶交されていた神との友情へ引き戻される」と説かれている。

先の女性が自らの罪を悔い改めたのは、キリシタンの教えを理解したという面はもちろんあろうが、その心的背景には罪穢からの解放を願ったこともあった。

キリシタンの他界観では、当時の既存宗教、とりわけ仏教によって日本にもたらされた輪廻転生の思想が完全に排除され、現世は来世と連続した一つの世界として捉えられている。キリシタン世紀、すなわち末法の世と認識されていた当時において救済をもたらす他界の存在を求めていたキリシタンたちは、現世をデウスによって浄化されるまでの「ぷるがたうりよ」(purgatório 煉獄)であると捉え、デウスとの一致と永遠の生命の獲得を志向しながら現世を生きぬいたのではないか。そして、民衆のなかには「来世は無く、万物はこの世限り」との教えでは満たされず、「永遠の生命」を求めてキリシタンへと改宗するに至った者もいたとしても、受洗し、キリシタンとなることにより罪を洗い浄めることを願った者もいたのではないだろうか。なお、これは分析上のことであり、実際には民衆層の多くが、そのような論理性をもって救済を求めたというわけではなくても、感覚的な不快さや恐怖によって洗い浄めることを希求したと考えられる。

以下は伊佐早（諫早）に暮らす一向宗徒の男性が受洗した際の話である。

　伊佐早の町に一向宗の一人の異教徒が妻といっしょに住んでいた。彼はキリシタンたちのもとでの主任司祭や説教者のように、自分の民衆たちのもとで処遇を受けていた。或る夜徹夜しながら仮眠していた彼のもとに、厳粛で白い顔をした一人の男が姿を現した。その男は……優しく彼を揺り動かしながら、こう言った。「汝はたいへん汚れている。こちらへ水を少量持って来なさい。私が汝を洗ってやろう」と。男は洗う時に、彼にパウロという名を授けた。(40)

この男性の場合、もはやキリシタンの洗礼というよりも、むしろ禊ぎの延長で理解しているように

39　ヴァリニャーノ、一九六九年、一五二―一五三頁。
40　「一五九七年、日本準管区長ペドゥロ・ゴーメスのイエズス会総長宛書簡」『十六・七世紀イエズス会日本報告集』I―三、家入敏光訳、一九八八年、九〇頁。

思えなくもないが、もし仮にキリシタンの教えが旧来の日本的な何かと接続して受容された場合、それはもはやキリスト教とは見なし難いのであろうか。

おわりに――信仰の民衆化と土着化

ヴァリニャーノが推し進めた文化的適応主義については、基本的に外面的なものにとどまり、カトリックの教理それ自体にまで及んでいないという見方が従来は専らであった。しかし、ともすれば教理の根幹に関わる葬送儀礼にしても、かなり柔軟な対応が見られるのである。もちろん、祖先供養を祖先への祭祀、さらには単なる習俗と見なして容認したという見方もできなくはないであろうが、たとえば東馬場氏が「意図した範囲をこえて起こったと言わざるを得ない」[41]と指摘するように、イエズス会側が積極的に対応した結果というよりも、むしろ受容者側の事情により、かなりの範囲にまで自然発生的に進んだと見る方が適切のように思われる。

仏教の民衆化として、かつてよく言われたのが鎌倉新仏教を契機とする見方である。しかし、そもそうした新仏教が社会にひろまったのは一五世紀であり、鎌倉時代においてはいまだ旧仏教が主流であった。その上で、古代から中世にかけて旧仏教が天皇や国家の仏教であり、民衆に対して開かれていなかったという見方もまた適切ではない。[42] いわゆる顕密体制論[43]が提唱されて以来、鎌倉新仏教が中世の代表だと見なす学説はすでにほとんど支持されていないが、実際、平安時代には年中行事の成立とともに民衆は仏教に親しんでいたことは確かである。ただし、そこでの仏教が神仏習合したものである以上、その際の民衆化というのは神祇信仰や民俗信仰（民間宗教）といったものに、外来の仏教が内在化した姿だと言える。[44]これを土着化と呼ぶことがあるものの、土着化という概念は当然ながら、より慎重に扱われなければならない。

また、そもそも民衆化というのは、単に多くの人々の間にひろまったという点だけをもって捉えてよいのであろうか。つまり、そこには人々が主体的に選び取る、という態度も必要だと思われるのである。なお、もちろんここでの主体性というのは、近代以降の意味ではないが、受容者の求める欲求・必要性に応じて仏教の中心課題が再編成される、つまり変容をともなったかたちで受容されることが民衆化だと考えたい。

キリシタンの場合、日本ではごく少数の篤信者を除いて、とくに民衆層では理解されえず、土着しなかったという声が少なからず聞かれる。その際、往々にして理由としてあげられるのが、一神教が多神教的土壌の日本では受けいれられなかったという、いささか安易なものであり、こうした見方が

41　東馬場、二〇一八年、二四五頁。なお、氏は「信徒の側を考えても、キリスト教の象徴や儀礼を自らの宗教的欲求に応じて理解したことがわかる」「きりしたんであることの意義を、精神世界よりもむしろ、病気の治癒など世俗で日常的なことがらの中に見出していたことも否定できない」「問題解決の手段として、新しい信仰を彼らなりに求める自由があった」と論じている。

42　吉田一彦「女性と仏教をめぐる諸問題」『日本史の中の女性と仏教』法藏館、一九九九年、一一―一二頁。

43　一九七五年に「中世における顕密体制の展開」（岩波講座『日本歴史 中世二』）において黒田俊雄が発表した日本中世の宗教と国家の関係についての学説。

44　大桑斉『論集 仏教土着』法藏館、二〇〇三年、六頁、一七頁。

適切でないことは、すでに確認してきたとおりである。さらに言えば、「変容」自体を認めないという意見もある。たとえば長い禁教期を経て教義が神仏と混淆し、変容してしまった潜伏キリシタンの信仰が純粋なキリスト教ではないという見方がそれである。

こうした問題を考えるにあたり、示唆深いと思われる論考を最後にふれておきたい。芦名定道氏は、「アジアのキリスト教」あるいは「日本のキリスト教」に関する研究が数多くなされてきたにもかかわらず、その研究状況は必ずしも満足の行くものではないことを指摘した上で、その問題点を整理し、日本のキリスト教思想研究の可能性を展望している。(45) そのなかで、〈キリスト教〉と〈キリスト教が土着化を試みる伝統的な宗教文化〉との関係について、たとえば「日本の伝統的宗教文化に最初から否定的に関わること」はどのように評価すべきかと問いかけ、解放の神学者A・ピエリス（Aloysius Pieris S. J. 一九三四―）が、「アジアを福音化することは、キリスト教的と非キリスト教的なアジアの宗教性におけるこの解放的次元を、貧しい者の中に呼び起こすこと」(46) なのであって、これをなしえないとき、それは伝統的な宗教文化を土着化のために道具化（instrumentalization）してしまうことになると論じていることが紹介されている。

近年、イエズス会が「適応」を「道具」として用いたと論じ、その点を強調するレンゾ・デ・ルカ氏（Renzo De Luca S. J.）は「今までよく使われてきた〈適応主義〉という表現は、宣教師たちが文化交流を宣教手段としていた要素が薄れる」との考えのもと、「宣教道具」という表現（新用語）を提案している。(47) 確かにヴァリニャーノの適応主義に「道具」的側面があったことは否めないであろうが、たとえば本稿で取り上げた葬儀に関して言うなら、ヴァリニャーノが一度目の巡察（一五七九年）の際に、ヨーロッパにおける葬送儀礼をキリシタンにも適用したにもかかわらず、二度目の巡察（一五九〇年）では、日本イエズス会第二回協議会での裁決をふまえて「服務規程」が作成され、そのなかには「日本人たちは死者たちの葬儀にたいへん心を砕いているため……すべての者に満足を与えるように努め、その人（故人）の地位に応じてできる限り十分に相応しい盛儀をもって葬礼を行うよう努めること」など、当時の情況を勘案した上で「死者たちの葬儀と埋葬」についての一〇箇条[48]がもうけられたことは、単なる道具主義を超克しているのではないだろうか。

ヴァリニャーノは生涯にいくつものまとまった著作を執筆したが、三度目の日本巡察中に執筆したのが『日本におけるキリスト教の始まりと発展』[49]であり、彼の日本研究の一つとして、最晩年——一六〇六年一月に亡くなる五年前に書かれたそれを見ると、日本という国が「大変異質であり、風習・生活の仕方も風変わりで、ヨーロッパ人には馴染みがなく、すでに長く日本人と接してきた者で

45　芦名定道「〈アジアのキリスト教〉研究に向けて——思想の解釈学的構造」『近代日本とキリスト教思想の可能性——二つの地平が交わるところにて』三恵社、二〇一六年、八—二〇頁。
46　Pieris, Aloysius, S.J. *Asian Theology of Liberation*, London, T&T Clark, 1988, p. 45.
47　レンゾ・デ・ルカ「マテオ・リッチとアレッサンドロ・ヴァリニャーノ——「宣教道具」概念を中心にした考察」『キリシタン文化研究会会報』一三八、キリシタン文化研究会、二〇一一年、二六—二七頁。
48　五野井、二〇一七年、二六七頁。なお、一〇箇条の詳細については、二七一—二七四頁に紹介されている。
49　*Del Principio y progresso de la Religion Christiana en Japon y de la especial Providencia de que nuestro Señor usa con aquella nueva Iglesia*, 1601. (Biblioteca da Ajuda, *Jesuítas na Ásia*, Códice. 49-IV-53, ff. 244-419.)
本史料の翻刻および邦訳に際しては、メキシコ国立自治大学の有村理恵准教授にご協力いただいた。

すら理解に苦しむばかりである」と記されており、最後まで日本での布教方策に悩まされていたことがうかがえる。しかし、キリスト教の伝来が契機となり、それまでの信仰形態に変化を与えることになったことは確かであろうし、ヴァリニャーノの憂慮をよそに、キリスト教が、たとえ意識的ではなかったとしても当時の人々の求めに応じて再編成されたと考えるなら、そこにはキリシタン信仰の民衆化を認めることができよう。

第七章　細川ガラシャ研究の現在

安　廷　苑

はじめに

戦国時代を生きた細川ガラシャは、本名の玉／珠（子）よりもキリシタン洗礼名で有名な女性である。キリシタンとしてのみならず、日本史上確かな足跡を残した女性として、多くの人に愛される希有の存在といえる。最近の細川ガラシャ研究で注目すべきこととしては、二〇一八年八月四日から九月二四日にかけて熊本県立美術館において開催された「永青文庫展示室開設一〇周年記念　RKK開局六五周年記念　細川ガラシャ」展が挙げられる。ガラシャや父明智光秀に関する史料および資料が一堂に展示されたのである。過去にこれほど網羅的に収集されたことはないように思う。この時に熊

本県立美術館が作成した図録は最新の研究成果を盛り込んだものとなっている。(1)

本稿では、細川ガラシャに関する最近の研究動向を振り返ってみたいと思う。古くは上智大学のヨハネス・ラウレス（Johannes Laures）神父の信仰を中心に見たガラシャの伝記が大きな影響を与えた。(2)同じく上智大学のヘルマン・ホイヴェルス（Hermann Heuvers）神父の戯曲も忘れてはならない。(3)ホイヴェルス神父の著書は戯曲ではあるが、戯曲の附録「資料編」においてガラシャ関係史料を明示している。京都橘大学名誉教授の田端泰子氏による伝記は、ガラシャ周辺の武家の血筋や当時の政治動向から、ガラシャの生きた時代背景や親族、姻族における彼女の生涯を明らかにしている。(4)彼女の出自などの詳細を知るうえで大変参考になるものであった。その後、拙著は彼女の素顔と彼女の生涯を理解する上で不可欠なキリシタン信仰という要素を中心に、その生涯をキリシタン史料から考察した。(5)

最近の研究としては、福岡大学准教授の山田貴司氏の研究に注目すべきであろう。山田氏は、細川ガラシャに関することを多方面から丹念に見つめ直し、熊本県立美術館において細川ガラシャ展を主宰し、その成果を図録に纏めている。(6)細川ガラシャの生涯に関する網羅的な考察とともに、ガラシャの死後のイメージ展開の過程について、先学の蓄積を踏まえて文学・美術など多方面に視野を広げて論じている。

二〇二〇年にはNHKの大河ドラマが明智光秀を題材にしたこともあり、娘のガラシャに対する関心も高まったようである。そうした中、国際日本文化研究センターの研究者たちが執筆した明智光秀とガラシャを題材とした書籍が出版された。(7)同書の第一章は光秀がテーマであるが、第二章から第四章まではガラシャがテーマとなっている。同書の「あとがき」によれば、二〇一八年一一月二三日に国際日本文化研究センターと長岡京市が開催したシンポジウムの記録を書籍化したものであるという。私自身は、このシンポジウムの開催をまったく知らなかった。ところが、拙著を参照しているうえに、第二章と第四章では拙著を厳しく批判しており、第四章は拙著に対する批判が中心となっている。批判それ自体は歓迎したいが、論点が洗礼名に偏っていることには戸惑いを覚える。今回、川村信三先生より本書執筆の機会を与えて頂いたので、最近のガラシャ研究としてささやかながら反論し、私見を提示したい。なお、行論の都合上、拙著の内容と重複があることをお断りしておきたい。

1　熊本県立美術館編『永青文庫展示室開設一〇周年記念　細川ガラシャ』（細川ガラシャ展実行委員会、二〇一八年）。
2　ヨハネス・ラウレス『細川ガラシア夫人』（春秋社、一九五八年）。
3　ヘルマン・ホイヴェルス『細川ガラシア夫人』（中央出版社、一九六六年）。
4　田端泰子『細川ガラシャ――散りぬべき時知りてこそ』（ミネルヴァ書房、二〇一〇年）。
5　安廷苑『細川ガラシャ――キリシタン史料から見た生涯』（中公新書、二〇一四年）。
6　山田貴司「総論　ガラシャの生涯とそのイメージ展開」（前掲、熊本県立美術館編『細川ガラシャ』所収）。山田氏は、その後の研究成果を以下の論文に纏めている。山田貴司「同時代の人々が記したガラシャの最期」（『日本歴史』第八五〇号、二〇一九年）、同「細川ガラシャの生涯」（公益財団法人永青文庫熊本大学永青文庫研究センター編『永青文庫の古文書　光秀・葡萄酒・熊本城』吉川弘文館、二〇二〇年）。
7　井上章一・呉座勇一・フレデリック・クレインス・郭南燕『明智光秀と細川ガラシャ――戦国を生きた父娘の虚像と実像』（ちくま選書、二〇二〇年）。

一、ガラシャという洗礼名

まず、ガラシャの洗礼名（霊名）について纏めておきたい。

夫忠興の命令によって半ば軟禁状態におかれていたガラシャは、侍女の清原いと（マリア）から代理洗礼という方法で受洗した。この洗礼は、イエズス会のニエッキ・ソルド・オルガンティーノ（Gnecchi Soldo Organtino）の指示によるものであった。代理洗礼とは、司祭に洗礼を授けるよう依頼できない場合に許されている、司祭の代わりに第三者を介して洗礼を授ける方法である。死の危機に直面したり、戦争や迫害などの状況になったりした時などが該当する。カトリック教会でも、布教初期における司祭の不在時や迫害期には時折見られるものである。正式な受洗ができない場合に限り、非常措置として行なわれる例外的なことではあるが、実際に可能な方法である。キリシタン史料には、伴天連追放令の発布後にガラシャが固い決意のもと受洗を希望し、オルガンティーノが彼女に洗礼を授けることを決めたことが明記されている。(8) 司祭に会えないガラシャのために、オルガンティーノが教会でマリアに洗礼を授ける手順を教え、マリアが屋敷に戻ってから司祭に代わって洗礼を授けたのである。ガラシャの場合、上（京都）教区長であったオルガンティーノが授洗を決めたので、全く問題のない措置であったといえる。同様の方法で後にガラシャは重病にかかった幼い息子に洗礼を受けさせている。

ガラシャは、ラテン語のグラティア gratia、スペイン語のグラシア gracia で「恩恵、恩寵」を意味し、同時に「賜物」を意味する。ポルトガル語ではグラッサ graça になるが、ポルトガル語の史料でもスペイン語のグラシアで表記されているので、彼女の洗礼名は恐らくスペイン語で名づけられたのであろう。キリシタンの洗礼名として、ガラシャという名前は、当事極めてまれであった。この洗礼名は、彼女に洗礼を授けることを決め、なおかつ日本語に堪能であったオルガンティーノが付けたものであると思われる。

ガラシャの本名は玉（珠）または玉子（珠子）だが、「玉／珠」は貴重な物であり、しかも音が通じていることから「賜物」という意味もある。「ガラシャ」という名は、つまり、彼女の本名から意訳されたものではないかと思われる。

天正一五（一五八七）年、夫忠興が九州に出陣して屋敷を留守にした時、ガラシャは教会を訪問し、その場での受洗を強く希望したが、叶わなかった。その後、夫の厳しい監視によって二度と教会を訪問できずにいる中、ルイス・フロイス（Luis Frois）は、「一五八七年の日本年報」と『日本史』において、彼女の周囲の者たち一七人が次々と洗礼を受けて、彼女が最後になったと述べている。『日本史』には、一六人と人数が示された後で京都にいた彼女の乳母の受洗の話をしているので、その乳母を加えると一七人になる。[9] これら一七人の全員ではないまでも、ほとんどが女性であったと考えられる。洗礼名は、通常、聖女や殉教者の名から取られる。一七人が洗礼を受け、ガラシャが最

8　安廷苑『細川ガラシャ』六五―六六頁。
9　松田・川崎訳『フロイス　日本史』第五巻（中央公論社、一九八一年）二二七、二三一頁。

後に残ったことで、女性の洗礼名によく使われる名前はほとんど使われてしまったことであろう。洗礼を授けるオルガンティーノにしてみれば、最重要人物が最後に残ったことになる。だが、彼女の洗礼名は、侍女など周囲の者たちと重複してはいけない。そこで、オルガンティーノは、考え抜いた末に彼女の美しい本名「玉（珠）」から洗礼名を取ることを思い付いたのではないかと思う。ガラシャ自身もこの名前をとても気に入っていたようで、直筆手紙の最後に「からしや」と署名していることが確認できる。[10]

以上が拙著で示した内容である。ところが、国際日本文化研究センターの研究者たちが出版した『明智光秀と細川ガラシャ』では、この洗礼名の問題を批判している。それに対する反論を以下に述べたい。

第一章は、呉座勇一氏の論文「明智光秀と本能寺の変」であり、ガラシャとは直接の関係はない。第二章と第四章では、拙著で提示した洗礼名の説明に反論している。

まず、フレデリック・クレインス氏の第二章「イエズス会士が作り上げた光秀・ガラシャ像」について取り上げる。冒頭は光秀の話であるが、途中から娘のガラシャの話に変わっている。

クレインス氏は、ガラシャの名前について、「オルガンティーノがガラシャの名前を知っていた可能性は低い。というのも、当時の位の高い夫人は本名で呼ばれないからである」と述べている。[11]しかしながら、ガラシャは、オルガンティーノとは頻繁に手紙のやり取りをしていたことが分かっている。現在、ガラシャの直筆書簡は一七通が確認されている。[12]彼女は、彼女の本名の玉（珠）から、書簡に「た」と記すことがあり、それは夫忠興宛の書簡だけではない。彼女は、自分の本名を時折用いており、オルガンティーノに本名を告げていた可能性は高いと考えられる。また、彼女は、受洗後には「からしや」と署名することもあり、「か」と記していたこともある。彼女は、自らの名前を書簡に記しており、オルガンティーノのみに名前を伏せていたと見ることは難しい。

クレインス氏は、洗礼名のガラシャ Gracia はスペイン語なので、スペイン人のグレゴリオ・デ・セスペデス（Gregorio de Cespedes）が選んだ可能性があると指摘している。しかし、一般的に数か国語を自在に操るインテリ集団であるイエズス会の宣教師が、布教地の日本において、自らの出身国の言葉で洗礼名を付けるとは限らない。クレインス氏は、宣教師にとってガラシャが「神からの賜り物」であったのではないかとしている。しかし、特定の信者が神からの賜り物であるとする考え方には無理がある。

この内容をめぐっては、同書の第四章において、郭南燕氏は、イエズス会のフランシスコ・カブラル（Francisco Cabral）が天草領主の天草鎮尚ドン・ミゲルの妻に洗礼名ガラシャを授けた前例があるとしている。郭氏の言うように、ポルトガル人のカブラルがガラシャ Gracia というスペイン語の洗礼名を授けたのであれば、クレインス氏の「スペイン語なのでセスペデスが与えた」という説は成立しない。両人とも私の見解を批判していながら、なぜ同一シンポジウムの記録を基礎とした同一書

10　熊本県立美術館編『細川ガラシャ』第六四番、一〇四頁。
11　前掲『明智光秀と細川ガラシャ』一四六頁。
12　宮川聖子「ガラシャ消息について」（熊本県立美術館編『細川ガラシャ』）一〇一頁。

籍の共著者の見解が著しく齟齬を来していても放置するのであろうか。ちなみに、カブラルが授けた事例も、スペイン語 Gracia であることはポルトガル語の原文で確認した。この例からも、イエズス会の宣教師が自国の言葉で洗礼名を授けたとは限らないことが分かる。私は、イタリア人のオルガンティーノがスペイン語の洗礼名ガラシャ Gracia を授けたものと考えている。

次に、郭南燕氏の第四章「ガラシャの知性と文化的遺産」を取り上げる。郭氏は、ガラシャの洗礼名は彼女が選んだのではないかと述べている。ガラシャの名前がこの論文のテーマと見られる。同書では第二章に続いて、第四章でもガラシャの名前が取り上げられている。なぜか洗礼名にこだわっており、しかもなぜか私の見解に対する批判にこだわっている。

郭氏は、ガラシャという洗礼名について、三つの事例を挙げて、「以上を見れば、ガラシャという洗礼名はさほど珍しいものではない」としている。(13)

では、その三つの事例を見てみよう。一五七〇(元亀元)年、天草の事例。フランシスコ・カブラルが天草領主の天草鎮尚ドン・ミゲルの妻に洗礼を授け、洗礼名ガラシャを授けた。(14) 細川ガラシャの前例となる。郭氏は、これを一五六九(永禄一二)年のこととしているが、カブラルが来日したのは一五七〇(元亀元)年なので、これは誤りである。早くても同年のことと考えるべきであろう。なお、松田毅一氏は、シュッテ神父の研究を基にして、天草鎮尚の妻の受洗が一五七六(天正四)年であるとしている。(15)

一五八七(天正一五)年頃、豊後の事例。大友宗麟の家臣の娘に洗礼名ガラシャを授けている。(16) 正確な時期は分からないが、細川ガラシャと同時期かと思われる。

一五八九（天正一七）年、肥後の事例。栖本八郎親高ジョアンの妻がアフォンソ・ゴンサルヴェスから洗礼を受けた。(17)ただし、この事例は細川ガラシャよりも後のものである。

郭氏は、これらの典拠を『日本史』としているが、巻数から松田・川崎訳を指しているのであろう。理由は分からないが、どこに記されているかを郭氏は明示していない。翻訳の巻数のみ示し、なぜか頁数が示されていないのである。この内、明確にガラシャの前例となり得るのは第一例のみである。従って、ガラシャが洗礼名として珍しいことに変わりはないのである。

それでは、ガラシャ本人が洗礼名を選んだのかどうか考えてみたい。

郭氏は「洗礼名は受洗者自身が決めるという原則を考えれば、洗礼名という一生につきまとう霊名を、夫人に相談せずに、自分たちだけで決めてしまうことはないだろうと思う」としている。(18)「自分たち」とは、この場合、イエズス会士たちを指すのであろう。ただし、拙著においてガラシャの意向を無視して洗礼名（霊名）が授けられたと記した覚えはない。郭氏は「むしろ、夫人がマリアたちと相談して決めた洗礼名を、洗礼のときに、マリアが正式に授けるという役割を担っただけでは

13　前掲『明智光秀と細川ガラシャ』二四三頁。
14　松田・川崎訳『フロイス　日本史』第九巻（中央公論社、一九七九年）、三二〇頁。
15　同上、三二五頁。
16　松田・川崎訳『フロイス　日本史』第一二巻（中央公論社、一九八〇年）、一四九頁。
17　松田・川崎訳『フロイス　日本史』第一一巻（中央公論社、一九七九年）、三三九頁。
18　前掲『明智光秀と細川ガラシャ』二四五頁。

ないか、と思う」としているが、[19] その結論は、伴天連追放令下でガラシャに洗礼を授けることを決断したオルガンティーノの役割をまるで無視している。しかも郭氏は、マリアとガラシャが洗礼名を決めた可能性の論拠として、ホイヴェルス神父の戯曲を引用し、「つまり、その洗礼名は司祭たちが決めたものではない、ということである」と結論付けている。[20] しかし、郭氏は、ホイヴェルス神父の「資料編」ではなく、同神父が創作した戯曲を論拠にしているのである。これでは論証とは言えない。創作を論拠にするのは、論文として致命的欠陥ではないか。マリアが代理洗礼を授けたとしても、それでマリアが洗礼名を決めたことにはならない。

キリシタン史料には、伴天連追放令が出された状況下で、オルガンティーノがガラシャに洗礼を授けることを決めたことが明確に記されている。[21] オルガンティーノが教会でマリアに洗礼を授ける手順を教え、マリアが屋敷に戻ってから司祭に代わって洗礼を授けたのである。郭氏は、マリアに指示を出したオルガンティーノの存在を明らかに過小評価している。

郭氏は「豊富なキリスト教の知識をもつようになったガラシャ自身が決めた可能性は極めて高いと思う」と主張している。[22] 本人の希望によって洗礼名を授けた事例には、一五七八(天正六)年、豊後の大友宗麟が受洗の際に洗礼名フランシスコを希望したことがある。郭氏はこの事例を論拠としている。しかし、宗麟は若い頃、かのフランシスコ・ザビエル(Francisco Xavier)に直接会っており、だからこそフランシスコの洗礼名を望んだのである。自分から望んだとはいえ、ザビエルに会ったという極めて特殊な事例であり、わずかに一例しかない。細川ガラシャについては、同名の聖女が確認できない以上、彼女本人がガラシャを洗礼名に望んだと考えることは難しいであろう。ガラシャが初めて教会を訪れたのは天正一五年二月二一日（一五八七年三月二九日）の復活祭の日であり、受洗は同年の六月下旬から七月頃であると推定される。その間、わずか四か月余りであった。同年六月一九日に発布された伴天連追放令が、結果的に彼女の受洗を早めることになったのである。信仰心が篤く、勉強熱心であった彼女ではあるが、ガラシャが屋敷でほぼ軟禁状態の下、キリシタンの教えに出会ってまだ日の浅い時点での受洗である。キリスト教の情報が身近になっている現代の状況とは比較にならないはずである。

フロイスの『日本史』によれば、大名有馬義貞の洗礼の際、宣教師がいくつかの聖人名を挙げて本人に洗礼名を選ばせたという記述が見える。[23] 身分の高い人に洗礼を授ける場合、このように本人に洗礼名を選ばせる形を取ったのではないかと思われる。このことから私は、オルガンティーノがガラシャに、候補となる洗礼名をいくつか提示して選ばせた可能性はあると思う。しかし、身近な一七人の受洗後、一八番目に受洗することになったので、候補となり得る名前がそもそも非常に限られる中で、オルガンティーノの苦心の提案には「ガラシャ」しかなかったかも知れない。いずれにしても、その提案は日本語に堪能なオルガンティーノからであり、彼女の本名に由来すると私は考えている。

---

19 前掲『明智光秀と細川ガラシャ』二四五頁。
20 前掲『明智光秀と細川ガラシャ』二四四―二四五頁。
21 安廷苑『細川ガラシャ』六五―六六頁。
22 前掲『明智光秀と細川ガラシャ』二四三頁
23 松田・川崎訳『フロイス　日本史』第一〇巻、三八―三九頁。

もちろん彼女の同意を得たうえでの洗礼名であったろう。教えを受けて日の浅いガラシャが、洗礼名として成立するかどうかも分からない「ガラシャ」を自ら洗礼名として提案した可能性は、限りなく低いと考えられる。

郭氏は、「もしも夫人が「ガラシャ」という洗礼名をみずから決めたということであれば、なぜこの名前なのかと考えたくなる」と奇妙とも思える表現をしている。[24] ガラシャが洗礼名を「みずから決めた」ことは、郭氏が「もしも」と記しているように、あくまでも郭氏の仮説である。しかも、その仮説はホイヴェルス神父の創作の戯曲を論拠としている。郭氏は、ここでガラシャが洗礼名を「みずから決めた」という仮説の論証を試みるのではなく、仮説を前提にして新たな議論を展開しているのである。これでは論理的に破綻しているのではないか。

洗礼名について、郭氏は、「コンテンツスムンヂ」にポルトガル語のグラッサ Graça という言葉があるからガラシャ自身が決めた可能性が高いとしている。[25] しかし、以下の理由からその主張は成立しないものと思われる。

第一に、ガラシャは洗礼を受けた時点では教理を学んでから日が浅かったはずなので、本人がキリシタン用語から洗礼名を取るとは考え難い。フロイスの『日本史』によれば、ガラシャの侍女たち一六人の受洗後に彼女だけが受洗できずに残されてしまったこと、彼女がキリスト教に関する日本語の書籍を望むので「コンテンツスムンヂ」を与えたこと、一七人目となる彼女の乳母が受洗したこと、そして秀吉の伴天連追放令が発布され、彼女が受洗したことが、この順番で記されている。彼女が「コンテンツスムンヂ」を受け取った時期については、『日本史』およびプレネスティーノの書簡によれば、光秀の命日（旧暦六月一四日か一五日）の準備のために家臣の小笠原少斎を教会に行かせた記述の後に少斎の妻が受洗し、その後に同書をガラシャに渡したことが記述されている。光秀の命日の対応というくだりには、原文によると「死んだ日がきたので」[26]とあり、命日の直前か直後に少斎を教会に赴かせたことが窺え、その後に彼の妻が教えを聴いて洗礼を受けたと推測できる。少斎が教会に赴いたのが命日にかなり近づいていた時だとしても、彼女が同書を受け取ったのは六月ないしそれ以降と考えられる。以上から、同書がガラシャの手に渡されてから受洗に至るまで、それほど時間が経っていないものと思われる。第二に、「コンテンツスムンヂ」にポルトガル語のグラッサ Graça という言葉があるからといって、キリシタン用語から好きな言葉を選べばそれがすべて洗礼名となり得るかどうかは別の問題である。第三に、カブラルが天草領主の天草鎮尚ドン・ミゲルの妻に洗礼名ガラシャ Gracia を授けた例からも分かるように、洗礼名ガラシャ Gracia は、「コンテンツスムンヂ」のグラッサ Graça とは無関係である。むしろオルガンティーノがガラシャの洗礼名として、キリシタン用語として頻出する Graça と混同しないようにポルトガル語をあえて避けた可能性さえ考えられる。郭氏の主張は論拠に欠けると言わざるを得ない。

歴史上の事柄を論じる時、史料的に明確に提示されていないことを推論することが必要になった

24　前掲『明智光秀と細川ガラシャ』二四五頁。
25　同上、二五〇頁。
26　P. Luís Fróis, S.J., Edição anotada por José Wicki, S.J., *Historia de Japam*, IV, Biblioteca Nacional, Lisboa, 1983, p. 491.

際、他人の説を批判することは結構なことである。しかし、それは歴史学のルールとして、史料上の根拠に基づいた推論がなされるべきである。勝手な想像力に頼るのであれば、小説のような創作の世界になってしまう。仮説であっても論拠を提示したうえで、他人の説を批判すべきであろう。

二、ガラシャの信仰生活

初めて教会に行った時、ガラシャは、日本人修道士コスメ（Cosme）からキリシタンの教えについて聴き、禅宗による反論を試みたとされる。一五八七年一〇月付プレネスティーノ書簡には、ガラシャが以前から霊魂の不滅について関心を持っており、「彼女は、霊魂の不滅を否定する日本の宗派に属していた。それゆえ、この夫人は深く憂愁に閉ざされ、ほとんど現世を顧みようとしなかった」とある。[27] フロイスは、教会を訪問したガラシャが「かくて多くの質問を修道士に持ち出し、さらに霊魂の不滅性、などの問題について禅宗の幾多の権威をふりかざして反論を試みた」と記しており、[28] 霊魂の不滅について議論したことが分かっている。

複数の史料で霊魂の不滅という点を書き遺していることは、彼女の質問や議論がこの点に集中していたか、またはその中心的な内容になっていたことを指していると思われる。教会を訪問した彼女は、少なくともこの点について問い質し、議論していたことが窺える。

キリスト教では、人間の霊魂は不滅であると教えている。それは、不滅でなければ霊魂の救済にならないからである。これはアリストテレス（Aristotelēs）の『霊魂論』に基づいているものであり、人間の霊魂は不滅であるということが救いの絶対的な前提にある。

ところが、仏教では、人間の霊魂は肉体の滅亡とともに消え去ると言ったり、あるいは不滅であると言ったりと、あまりはっきりしない。この点についてガラシャは疑問を持ち、宣教師に問い質した。フロイスが『日本史』で記したように、彼女は自らが禅宗によっては救われないことを感じていた。それは恐らく、彼女自身が常に死を意識し、救いについて考えていたからであり、それは、父明智光秀と一族の死という衝撃的な出来事が脳裏から離れなかったからではないかと思われる。本能寺の変から彼女の受洗まで、五年ほどの年月もの間、屋敷から外に出られない彼女がずっとその点について考えていたとしても不思議ではない。それに対する答えを教会に求めたのだろう。いつどのように死ぬかということは、本能寺の変以後、彼女が常に考えていたことだったと思われる。

ガラシャに代理洗礼を授けた侍女マリアは、儒者清原枝賢の女「いと」であると見なされており、これについては確かであると思われる。マリアの出身の清原家はガラシャの舅細川藤孝と縁があり、つまり細川家と縁があるので、マリアは父光秀がガラシャの輿入れ時に付けた侍女ではなく、輿入れ後に細川家が付けた侍女であると判断される。『細川家記』には、味土野に流された時のガラシャには「一色宗右衛門と云浪士幷小侍従と云侍女二人計を付けて」とあり、[29]「一色宗右衛門」と侍女「小

27　安廷苑『細川ガラシャ』四五頁。
28　松田・川崎訳『フロイス　日本史』第五巻、二二五頁。
29　細川護貞監修『綿考輯録』第二巻（出水神社、一九八八年）二二二頁。

侍従」が付いていったことが知られる。マリアは味土野の時に仕えた小侍従であると見なされることもあるが、味土野に従ったのは明智家から輿入れ時に付いていった家臣であると考えられるので、『細川家記』に見られる味土野に従った「小侍従」とマリアは別人であると見るのが自然であろう。マリアが味土野にまでガラシャに従ったことは史料的に確認できないうえ、状況からも推測することは難しい。

ガラシャは、松本内儀宛に、豊後に行きたい旨の書簡を認めている。(30) それ以前の書簡では、松本内儀とは松本小侍従、すなわち小侍従を指している。(31) 結婚してガラシャの近くからいなくなった小侍従をその後も大変信頼していたことが分かる。この松本内儀と屋敷内にいたはずのマリアは別人であると見るのが妥当であろう。

清原家は神道の家であったが、枝賢は永禄六（一五六三）年にキリシタンに改宗しているので、いとは実はガラシャが教会を訪問するかなり以前からキリシタンの教えに接していた可能性がある。そのことがキリスト教に関心を持ち、受洗を熱望するようになったガラシャと親密な関係になるきっかけになったのではないか。マリアはガラシャの改宗に重要な役割を果たしているが、実際はキリシタン史料に彼女の名前が出るのはガラシャの受洗前後の時期だけである。味土野の時期を含め、ガラシャの最期まで終始傍にいたとも考えられてきたが、マリアはガラシャに洗礼を授けるという重要な役割を果たしているにもかかわらず、その後のキリシタン史料にその名が見えないのは何とも不自然なことである。ガラシャの死を伝えるキリシタン史料に、ガラシャ受洗時には重要人物として登場するマリアの名前がその後は全く見えないのは、実はマリアはガラシャの最期に傍にいなかったからであろう。

それでは、侍女の清原マリアは、オルガンティーノの指示を受けてガラシャに洗礼を授けた時点で自ら貞潔を守ることを誓ったにもかかわらず、どうしてガラシャの傍らからいなくなったのか。ここで、ガラシャの最期に関する記述を掲載した「一六〇〇年の日本年報」に注目したい。彼女の最期について報告する際、かつて「パードレ〔オルガンティーノ〕たちが彼女に、屋敷内に良心的にも三人の主だった婦人を奉仕させるのは良くないことであると述べると、彼女はすぐに彼女たちを解任した」と述べている。(32)オルガンティーノは、恐らく彼女たちには良心問題に抵触する重大な問題があると見なしたのであろう。良心問題とは、倫理上の具体的な問題である。彼は、ガラシャによくない影響を与えるため彼女たちをガラシャの周囲に置くのは不適切であると判断し、ガラシャがそれに従ったのである。屋敷内のマリアの立場を考慮するならば、その三人のなかの一人が彼女であった可能性がある。これについては、日本の史料にも手掛かりがある。前述のようにガラシャは小侍従に何度も書簡を出しており、それが現在も遺されている。その中に、家臣（侍女）に酷いものがいて暇をとらせたという記述が見える。(33)もちろん、それがマリアかどうかは分からないが、その可能性はあるものと考えられる。

30　熊本県立美術館編『細川ガラシャ』第六五番、一〇五頁。
31　同上、第六二号・第六三号文書、九八―一〇〇頁。
32　安廷苑『細川ガラシャ』七七頁。
33　熊本県立美術館編『細川ガラシャ』第六七番、一〇七頁。

マリアについては、実はその後ガラシャの許を離れて婚姻していたとみる研究もある。日向志保氏は、文禄四（一五九五）年の時点では、マリアは細川家の家中にいるものの、ガラシャの影響下にはなかった、つまり彼女の許を離れていた可能性があると指摘している。[34] また、日向氏は、元和六（一六二〇）年、細川忠利が、佐久間備前内儀で出家して「壽光院」と名乗っていた「いと」の女の縁談を仲介しており、この「いと」が「外記・少九郎殿内儀」と兄弟だったことから清原マリアであると判断している。

ガラシャの書簡（日本語からポルトガル語に翻訳されたもの）が完全な形でキリシタン史料に残されているのは、フロイスによる「一五八七年の日本年報」である。ガラシャの生の声を伝えるこの書簡からは、殉教をも覚悟している彼女の信仰心が伝わる。しかし殉教の決意をより明確に語ったものはそれ以前にもあり、受洗前の彼女の記録にも見える。それが書簡か伝言かは不明である。受洗前のガラシャの言葉には、バテレン追放令後に大坂を離れざるを得ないオルガンティーノに、殉教をも覚悟する強い意思表示によって、授洗を懇願する彼女の気持ちがはっきりと表現されていた。

ガラシャがどのようにキリスト教に触れていったのかについて、キリシタン史料で確認できるのは、一五八七年一〇月付、イエズス会のアントニオ・プレネスティーノ（Antonio Prenestino）の以下の記述のみである。

越中殿〔忠興〕は、〔高山〕右近殿と親密な間柄であった。越中殿は、右近殿から神とキリスト教に関する様々な話を聞き、この問題について夫人に語った。[35]

右近は、ガラシャの夫忠興の友人であり、茶人としての付き合いがあった。右近は、誰にでもそうするように、忠興にキリシタンの教えを説いていた。忠興が右近の話を妻のガラシャにしたと考えられている。ガラシャは「問題をより根本的に知ることを切望した」が、それを夫に悟らせないようにしたとプレネスティーノは記している。とても自然な帰結のように思われる。

しかし、ガラシャにとって、右近は父光秀を討った仇であった。その右近の話にガラシャが熱心に耳を傾けたとは思えない。父の仇という印象が、彼女の脳裏から離れることはなかったように思われる。ガラシャにとって、右近はそれほどの重要人物ではなかったように思う。プレネスティーノは、ガラシャが右近に敬意を払っていたかのように記述しているが、彼自身は、ガラシャの人となりや諸般の事情を理解していたわけではなく、もちろんガラシャと面識はない。彼は、ガラシャも右近もキリシタンであるというので、両者の関係を勝手に推測していたに過ぎないと考えられる。仮に上記の記述の筆者が、本能寺の変後にガラシャの父光秀と明智一家と接触したオルガンティーノであったならば、異なる記述になっていたかも知れない。夫から聞いた右近の話はきっかけにはなったかも知れないが、ガラシャがキリシタンの教えに関心を持ったのは、右近という人物とは無関係であったと考えられる。この件に関する高山右近の役割が大きかったはずであるという思い込みがあると、私は個

34　日向志保「ガラシャ改宗後の清原マリアについて」（『織豊期研究』第一三号、二〇一一年）
35　安廷苑『細川ガラシャ』四五頁。

人的に思う。後述するが、むしろ明智家と彼女の亡き弟たちがキリシタン教会やオルガンティーノと縁があったこと、そこからガラシャの心はキリシタン教会に近づいたのではないかと考えられる。[36]

ところで、クレインス氏は「ガラシャの死は忠興の改宗に繋がるものであるとイエズス会士が信じていたからこそ、彼らはガラシャの死を殉教死と見なしたのだとも言える」[37]としているが、ガラシャの死は殉教とは見なされていないうえ、夫の改宗の見込みとは無関係である。夫の改宗の見込みがあれば彼女の死が殉教と見なされるということはない。強いて言うならば、これは異宗婚姻の問題である。ガラシャが改宗すると、異教徒の忠興との関係は異宗婚姻の状態になる。ヨーロッパのカトリック教会では異宗婚姻は禁止されていたが、日本においてはイエズス会士たちが幾度も協議した結果、異宗婚姻の禁止は厳格には適用されなかった。[38]未信者の改宗後にその配偶者の改宗を期待することは、イエズス会が日本において異宗婚姻を容認した根拠である。その理由は、婚姻によって配偶者が信仰に導かれることを期待するというものであった。ガラシャは改宗後、忠興と離婚して「司祭たちのいる西国地方」に行くことを望んでいたことが分かっている。[39]異宗婚姻の禁止が日本で厳格に適用されていれば、ガラシャは離婚が可能だったのであり、彼女の望み通り「西国」に行くことになり、あのような最期には辿り着かなかったのである。

ではここで、井上章一氏の第三章「美貌という幻想」について取り上げたい。井上氏は、ガラシャが美人だったことは「後世の作為」でできており、美人であったとはどこにも書かれていないと指摘している。[40]彼女の肖像画などは遺っておらず、確かに容姿に関する史料もほとんどない。この点は拙著の執筆時に気づいてはいたが、美人かどうかは主観の問題でもあり、それを論じることがそれほど意味のあることとは思わなかった。しかし、今回の井上氏の論考から改めて考えると、信仰の問題と直接の関係はないけれども、実は彼女の容姿は彼女の運命に深く関わっていたようにも思う。

結論から言えば、状況証拠からは彼女が美人であったと考えるのが妥当かと思われる。本能寺の変の後、忠興は、彼女が謀反人の娘であっても手放そうとしていない。彼女は、気が強く忠興をもってしても手に負えないような女性であったが、それでも忠興の方から彼女を離縁することを考えてはいないのである。彼女は謀反人の娘であり、細川家が執着するような高貴な血筋というわけではない。このあたりは彼女が美人であった可能性を示唆するものであり、一般的には、ここから彼女が美人であるという認識が生まれたように思われる。

私がガラシャが美人であったと推測する最大の根拠は、復活祭の日に彼女が大坂のキリシタン教会を訪問した際、教会では彼女が秀吉の側室ではないかと疑っていたというキリシタン史料の記事である。[41] 彼女が身分を明かさず、身分が分かるような服装なども避けていたはずであるにもかかわら

36　浅見雅一『キリシタン教会と本能寺の変』（角川新書、二〇二〇年）二〇一頁。
37　前掲『明智光秀と細川ガラシャ』一五七頁。
38　詳細については、安廷苑『キリシタン時代の婚姻問題』（教文館、二〇一二年）を参照のこと。同『細川ガラシャ』一〇五―一〇六頁。
39　安廷苑『細川ガラシャ』八九頁。
40　前掲『明智光秀と細川ガラシャ』一七六頁、一八六頁。
41　安廷苑『細川ガラシャ』五二頁。

ず、教会の司祭たちが、彼女が秀吉の側室であるかも知れないと思ったのは、彼女の容姿が美しくないと成立しないことである。このことから、実際に彼女に会った者たちが、彼女が若く美人であったと認識したと考えられる。さらに言えば、その後、女好きで有名な秀吉が彼女に謁見を強要しようとしたが、彼女が父の仇である秀吉に会うわけにはいかないと頑なに拒んでいる。秀吉は、家臣の奥方が美人であると聞きつけると直接会おうとしており、手を出そうとしていたようであるが、ガラシャは、その標的になっていたのである。

ガラシャが美人であったかどうかを後世の私たちが議論するのはあまり意味のないことかも知れない。しかし、彼女の最期までの人生を振り返った場合、彼女が美人でなければ成り立たないことが少なくない。忠興が彼女を離縁しなかった理由のひとつが、彼女の美しさにあったと考えると、彼女の容姿は、忠興の妻として亡くなった彼女の最期にも意外にも繋がることであったと考えられる。井上氏は、ガラシャが美人であった可能性は否定していないが、(42)実際には美人であったことが意外にも彼女の運命を左右したようなところがあるのではないか。

キリシタン史料は、山崎の戦の後、坂本城において明智一族が自刃した時のことを報告している。光秀の二人の息子たち、すなわちガラシャの実の弟たちは、ヨーロッパの王子たちのようであったと述べられている。(43)当時、嫡男は満一三歳であったということである。彼らは気品を備えていたということであろう。明智家は、美男美女の家系であったのかも知れない。ただし、彼女の容姿について直截的表現は確かに見られない。

三、ガラシャの最期

ガラシャの生涯が人を惹きつける要素は、その最期に集約されているように思う。彼女は細川忠興の正室であるがゆえに壮絶な最期を迎えることになったのだが、先述したように、実は彼女には、夫忠興と離婚したいという願望があったことがキリシタン史料に記されている。それに対してオルガンティーノが教会の原則をかけて説得し、離婚を思いとどまらせたのである。

慶應義塾大学の浅見雅一によれば、ガラシャと忠興の不和の原因が光秀の死にあったという。本能寺の変後、忠興の光秀に対する認識はガラシャの認識とは相容れないものであった。ガラシャにとって、父光秀は「彼女には父がいなかったとはいえ、それが彼女を戒めることも恐れさせることもない」ものであった。つまり、父光秀が謀反を起こして亡くなったとはいえ、ガラシャは、父の謀反には恥ずべきではない正当な理由があったと確信していたようであり、それについて夫忠興とガラシャ

42　郭氏は、「第三章（井上章一）は、ガラシャは「それほど美しい人ではない」という結論をもって、その「美貌説」の幻想を打ち砕いている」と述べているが（同書、二三二頁）、井上氏は、ガラシャが美貌であったことが後世に作り上げられたイメージであるとしながらも、実際に美貌であった可能性までをも否定してはいないように読める。井上氏は、ガラシャが「じっさいには、美人だったかどうかもわからぬ自殺者なのだけれども」とは述べているが（同書、二二七頁）、ここでも実際に美人であった可能性を完全には否定していない。

43　松田・川崎訳『フロイス　日本史』第五巻、一七四頁。

の見解には乖離があった。[44]

キリシタン教会は離婚を認めていないが、その一方で、「パウロの特権」と呼ばれる、例外的に離婚を容認する要件が存在する。[45] 例外的な措置であるので、厳しい条件が付けられている。ガラシャの場合はその条件には当てはまらず、これが適用できなかった。オルガンティーノが、彼女の離婚を認めれば教会の立場が不利になる可能性があると計算したとしても、また逆に彼女の置かれた状況に深く同情していたとしても、実際の理由は彼女の事例はそもそも教会が離婚を容認する条件に合致しなかったからなのである。

フロイスが『日本史』に引用しているオルガンティーノの書簡によれば、ガラシャの離婚の意思は固く説得には苦労したが、ついに彼女は彼の意図を理解し、それを聞き入れた。[46] ガラシャがオルガンティーノの説得を受け入れずに忠興と離縁していたならば、彼女の最期には結びつかなかったはずである。彼女の婚姻をキリシタン教会がつなげたことによって、今私たちが知る細川ガラシャがあると言えるのである。

一方で、彼女の最期については、自殺の是非をめぐって、矛盾ともいえる不自然な説明がなされてきた。キリシタンであるガラシャが死を選択する、つまり自殺することについて、彼女はキリシタンであり自殺は許されなかったので、家臣の手にかかることによってそれを回避したという説明が従来なされてきた。その死のあり方について、他ならぬガラシャ自身が深く悩んだことを窺い知ることができる。キリシタン史料によると、ガラシャはそれ以前にも一五九五（文禄四）年の豊臣秀次が切腹を命じられた時、夫忠興の命令によって自殺することに関してオルガンティーノに相談していた。その時は幸いその危機は回避できたが、関ケ原の戦いの直前における彼女の最期の時にも、また彼に相談したのであった。

ここで、ガラシャが自殺を相談した相手について、クレインス氏が拙著を批判しているので反論しておきたい。一五九五（文禄四）年に豊臣秀次が切腹を命じられた時、ガラシャが自殺を相談した相手について、クレインス氏は「オルガンティーノであった可能性は高いが、それを裏付ける史料はない」と述べている。[47] オルガンティーノが彼女を指導したとする拙論を批判しているのである。一五九二年一一月作成の「一五九二年の日本カタログ」によると、同年の時点では、一五八七（天正一五）年の伴天連追放令の影響により、都教区に常駐していた司祭はオルガンティーノとフランシスコ・ペレス（Francisco Perez）のみである。[48] それ以降、一貫しているのはこの二人のみであったことが明らかである。一五九五・九六年のカタログは欠落しているが、確認できる限りでは、一六〇〇（慶長五）年以降、マヌエル・バレート（Manuel Barreto）とペドロ・モレホン（Pedro Morejon）

44 浅見雅一『キリシタン教会と本能寺の変』一九八―一九九頁。
45 安廷苑『キリシタン時代の婚姻問題』三二頁。同『細川ガラシャ』一〇八―一〇九頁。
46 松田・川崎訳『フロイス　日本史』第五巻、二四六―二四七頁。
47 前掲『明智光秀と細川ガラシャ』一五二頁。
48 Josef Franz Schütte, S. J. *Monumenta Historica Japoniae I : Textus Catalogorum Japoniae*, Romae, 1975, p. 294

が都教区に加わっている。[49] 彼らは一五九〇（天正一八）年に来日しているうえ、年齢的にも九三（文禄二）年の時点で、バレートが満年齢で二九歳、モレホンが三〇歳といずれも若い。[50] 若く日本滞在の短い彼らがガラシャの指導を担当したとは考えられない。ちなみに、この時点で、オルガンティーノは六〇歳、ペレスは三九歳であった。[51] この状況で、オルガンティーノの関与を否定する方が難しいように思う。ガラシャのために都教区に潜伏していたことを、他ならぬオルガンティーノ自身が明記しているのである。[52] オルガンティーノがペレスと相談した可能性はあるかも知れないが、実際にこの重要な問題に答えているのはオルガンティーノ以外には考えられない。

ガラシャの最期に話を戻そう。ガラシャが忠興から「有事の際には自害するように」と直截的に言われていたことを示すキリシタン史料は、実は存在しない。「一六〇〇年の日本年報」では、次のように表現されている。

もし留守中に何か反乱が起きて奥方の名誉に危険が生じたならば、日本の習慣に従って、まず奥方を殺し、次いですべての者が切腹して死を共にすべきであると命じていた。[53]

ガラシャ最期の姿も、自ら首をあらわにし、小笠原少斎に介錯されたと記されている。それに対し、一五九五（文禄四）年に豊臣秀次の件でガラシャが自殺の是非をオルガンティーノに尋ねた時には、「身に危険が迫った場合には、直ちに自殺しなければならないと夫が命じたことであった」と、忠興の命令に対して明確に「自殺」という表現を用いている。[54]

以上から、「一六〇〇年の日本年報」の作成者ヴァレンティン・カルヴァーリョ（Valentim Carvalho）に情報を提供したイエズス会士が、彼女の死が「自殺」であると断定される表現を故意に避けたのではないかと推測される。そしてそのイエズス会士とは、都の教区長オルガンティーノの可能性が高いのである。

自殺の是非について、先述のように一般的説明では、ガラシャはキリシタンであり自殺することが許されなかったので、家臣に自らを殺させたとされる。しかし、キリシタンである彼女が、夫の命令とはいえ果たして自傷行為を決意したであろうか。それだけでなく、他人に殺人の罪を犯させることは、キリシタンとして許されるのか。

カトリック教会は自殺を排斥しており、自殺の手助けさえ厳しく戒めているので、彼女が家臣に自らを殺させたところで、その行為は自殺に変わりない。実は日本のイエズス会は、日本人の切腹にどう対処すべきか議論を重ねていた。自殺に対するカトリック教会の断固たる立場を知りながらも、日本の事情を知るほどに簡単に割り切れない問題であると感じていたからである。巡察師アレッサンド

49　Ibid., p. 359.
50　Ibid., p. 314.
51　Ibid., p. 307, p. 315.
52　安廷苑『細川ガラシャ』八九頁。
53　同上、一二五頁。
54　同上、一四五頁。一五九五年一二月一三日付、フロイス執筆「一五九六年の日本年報」。

ロ・ヴァリニャーノ（Alessandro Valignano）を中心とした日本のイエズス会の幹部たちは、戦国武将が死を回避できない状況で自らの名誉を守るために切腹することはやむを得ないと考えていた。

オルガンティーノは、この見解がガラシャに適用できると考えたであろう。キリシタン史料によれば、彼女は前日に自らの最期をオルガンティーノに相談し、「自分は神への冒瀆となることをしてしまうことを恐れていると心から述べ」、多数の質疑を行なっている。彼女はすでに死を覚悟していたが、「その疑問に対する回答に大いに満足して心が落ち着いた」ので、「我々の主の御旨に従って、その手にあるものとして亡くなった」とある。[55] ここに、オルガンティーノの回答とガラシャの決断が垣間見える。敵がガラシャを人質に取ろうとした時、それを拒むために自刃に及んだとしても、それは自殺とは言えない。オルガンティーノは、彼女の意に沿う回答をしたのではないかと推測される。ガラシャが死を選ぶことを認めたのは、オルガンティーノの究極の「適応」であったと考えられる。

イエズス会は、布教地の社会や文化に「適応」することを基本方針としていたと言われている。ガラシャの最期をめぐる問題については拙著において最も重要な論点であり、新しい見解である。この問題については、これまで複数の研究者から拙論は肯定的に捉えられているようである。[56]

ガラシャの死は、武士の倫理とキリシタンの教えの両方から説明できるが、強いていうならば、まずは武士の妻、武士の娘としての死であったと見るべきであろう。そして、キリシタンの信仰は、彼女に対して自殺を禁じる足枷ではなく、彼女の殉教願望ともあいまって、死に対する安心感すら与えたのではないかと思われる。彼女の壮絶な死によって、この一見相反する二つの価値観が何ら矛盾せず体現できたのである。

最近、ガラシャとキリシタン教会との関係を別の角度から考察した研究が出版されている。浅見雅一によれば、ガラシャとオルガンティーノの信頼関係はキリシタン信仰だけでなく、明智家との関係にも由来するという。オルガンティーノは本能寺の変に深く関わっていながら生き延びた人物であるが、実は彼はガラシャの弟たちとは懇意であった。本能寺の変のあと、オルガンティーノは危険を冒してガラシャの弟たちに会いに坂本城に行っていることがキリシタン史料に記されている。混乱の中で坂本城に赴くのは、文字通り命懸けだったはずであり、浅見によれば、弟の十五郎らに洗礼を授けに坂本城に赴いたと考えられるという。自分の姉や弟たちが坂本城でオルガンティーノに会ったことを、恐らくガラシャは聞いていたと思われる。すると彼女にとっては教会こそが明智一族の最期を知る唯一の存在と映っていたのではないだろうか。そもそも彼女の教会訪問には、キリスト教に対する関心だけではなく、明智家と結びつきのあるキリシタン信仰を知るためであったと考えられる。山崎の戦いで光秀を破った高山右近の存在は彼女が教会に近づくにはむしろマイナス要因であったはずである。それを打ち消す要素として、明智一族の最期を知るキリシタン教会の存在を、彼女が期待していた可能性がある。ガラシャがオルガンティーノに格別の信頼をおいていたのは、彼が明智一族に深く関わっていたからであろう。ガラシャは、その最期に関してオルガンティーノに相談し、彼は全身

55　同上、一四九頁。
56　山田貴司氏は拙論を基礎にして議論を展開している（山田前掲「細川ガラシャの生涯」）。井上章一氏も、拙論を妥当な見解と評価している（井上前掲論文、前掲『明智光秀と細川ガラシャ』所収）。

全霊を傾けて答えたと思われる。ガラシャとオルガンティーノとの信頼関係は、表面に見える以上に強固なものであったのではなかろうか。

おわりに

最後に、ガラシャの最期に関する部分で、クレインス論文について気になった点を記しておく。

クレインス氏は、「ガラシャの死を自害として位置づけるべきか、それとも忠興の命令に従った家臣の独断だったのかについてはここでは深入りしない」と述べる一方で、「オルガンティーノの記述からは、彼がガラシャの死を自害として捉えず、家臣たちによるものであると位置づけていることは明白である」と述べている。[57] クレインス氏は、家臣がガラシャを殺害したので、彼女は殉教者扱いになったということなのであろうか。この見解には、二点の問題がある。まず主従関係を無視しているということである。もうひとつは死を受け入れることがガラシャの決断であったことが考慮されていないことである。

クレインス氏は、ガラシャが殉教者か殉教者扱いされているとしているが、[58] 実は現在のカトリック教会は彼女を殉教者とは見なしていない。[59] のみならず、ガラシャの没後約半世紀後のイエズス会士アントニオ・フランシスコ・カルディン（Antonio Francisco Cardim）も、『日本の精華』において、ガラシャを殉教者に数えていない。[60] カルディンはイエズス会の殉教者を列挙しているだけでなく、イエズス会系のキリシタンである大村純忠、大友宗麟、そして高山右近を挙げているが、ガラシャには言及していない。彼女は殉教者としての条件を満たしてはいなかったのである。

ガラシャ没後、近代になって、信者としてのガラシャのイメージがヨーロッパから日本に逆輸入されたことは知られている。これについては、熊本県立美術館編の図録には、ヨーロッパにおいて刊行された複数の出版物が示されており、山田貴司氏の解説にもそれらについて詳述されている。[61]

以上、細川ガラシャについて、最近の研究に関して時折反論を加えながら紹介した。ガラシャに関する史料は限られており、場合によっては推測をも交えながら丁寧に紐解くことが必要になる。しかしながら、それは史料的根拠に基づいたものでなければならない。彼女の人生の中で、表に出ている出来事はごく限られているが、それによって明らかになることも少なくない。

戦国時代を生きたガラシャの生き方は、今なお私たちの心を魅了してやまない。キリシタン史料には、ガラシャの名前、信仰生活、そして最期までもが彼女の人となりを伝えるものとして時代を超えて映し出される。彼女に関する新たな史料が見出される可能性は高いとはいえないが、周辺の史料を丁寧に再検討することで、ガラシャの真の足跡に光を当てることができればと願っている。

57　前掲『明智光秀と細川ガラシャ』一五五頁。
58　同上、一六三頁。
59　Juan G. Ruiz-de-Medina, *El Martirologio del Japón, 1558-1873*, Institutum Historicum Societatis Iesu, Roma, 1999.
60　Antonio Francisco Cardim, *Fasciculus e Japponicis Floribus*, Romae, 1646.
61　山田貴司「総論　ガラシャの生涯とそのイメージ展開」（熊本県立美術館編『細川ガラシャ』所収）。

第八章　イエズス会宣教師と紙
――キリシタン関係諸史料への古文書料紙研究の応用

森脇優紀

はじめに

キリシタン史研究において、関連の諸史料を用いる場合、「書かれている内容」を分析し、そこに史的分析を加えていく方法が主流であろう。しかし、キリシタン関連史料を読み解く方法には、内容分析のほかに、史料を「モノ」としての観点から検討するアプローチも可能である。筆者は現在、一六・一七世紀のキリシタン関係諸史料を「モノ」として読み解く研究にも取り組んでいる。その具体的内容は、史料に用いられた紙（料紙）に着目する料紙研究である。料紙研究とは、史料の現物の調査（料紙調査）に基づいて得られたデータと史料の「書かれている内容」から読み取れることを対照させて行う、古文書学的・史料学的研究を指す。

料紙調査とは、文書料紙について、①外形・表面調査、②形状測定、③光学観察・測定・撮影によって、その紙種と特徴を究明することである。①外形・表面調査では、文書料紙の繊維判定や品質、製紙工程に関する情報を得るための観察を行う。②形状測定では、紙の厚さや重さ、法量（縦横の寸法）の計測を行う。③光学観察・測定・撮影では、文書料紙の原料の繊維判別や、填料（添加物）・非繊維物質の有無を確認する。こうした調査・分析の歴史や方法論については、本稿の二で取り上げる。

これらの調査・研究を通して、文書（史料）の現物と史料に記録された紙種名との対応関係や、製紙技術の優劣や地域性・時代性の判別、その他にも文書の様式・機能・情報伝達の方法に関する手がかり、例えば文書の用途や機能、宛先・差出などによる紙（紙の種類）の使い分けの有無といった情報を得ることができる。これは、イエズス会宣教師たちが残した文書にも応用することができると考える。

キリシタン史研究において、ローマ・イエズス会文書館（Archivum Romanum Societatis Iesu. 以下ＡＲＳＩ）所蔵の日本・中国関係文書群である *Japonica-Sinica*（略称 *Jap.Sin.*）は、第一級の「史料」であることは言うまでもない。また一方で、*Jap.Sin.* は、料紙研究という「モノ」としての側面からの研究にも重要な情報を提供してくれる第一級の「資料」でもある。

以上のことから、筆者を代表とする研究チーム[1]は二〇一八（平成三〇）年より、*Jap.Sin.* を中心にイエズス会書簡類の料紙調査とデータの蓄積に努めている。こうした調査による地道なデータ蓄積行為は、キリシタン研究における料紙研究を成立させるために必要な段階の一つなのである。

本稿は、これまでに得られた料紙調査の結果に基づいて試論を提示し、大方の批正を仰ぐものである。

一、イエズス会宣教師が記録した紙

具体的な料紙調査の内容に入る前に、イエズス会宣教師と紙との関係にまつわる事象を、史料、すなわち「書かれている内容」から具体的にみてみる。

（一）和紙に関するイエズス会宣教師の認識

来日したイエズス会宣教師が「紙」について記録する場合、彼らヨーロッパ人が初めて目にした和紙に関する情報を記録することが想像できるだろう。実際に宣教師たちの和紙に対する関心は高かったようで、いくつか記録されている。

その一つに、ルイス・フロイス（Luís Fróis）が、彼らヨーロッパ人が目にした日本の文化と、

1　当該研究は、JSPS科研費18H00699「一六～一七世紀における銀の移動と情報伝達：グローバル・ヒストリーの視点から」の助成による。

ヨーロッパの文化を比較し、一五八五年に加津佐で執筆した『日欧文化比較』[2]がある。その第一〇章「日本人の書法、その書物、紙、インクおよび手紙について」では、「われわれの紙には僅か四、五種類あるだけである。日本の紙は五〇種以上ある」[3]と和紙の種類について言及があり、また、「われわれの間ではすべての紙は古い布の屑から作られる。日本の紙はすべて樹の皮で作られる」や「ヨーロッパでは平滑な石の上に紙をひろげて、鉄の槌で叩く。日本では円い木に巻き付け、他の二本の木で叩く」[4]と和紙の原料や製造工程についても記録されている。

ここでフロイスは、和紙が五〇種類以上あるとしているが、具体的な種類の名称については記されていない。この「五〇種類以上」というのが、当時の文書料紙の種類だけでそれだけあったということなのか、あるいは文書以外の用途の紙も含めた数量を意味するのか定かではない。フロイスが和紙の原料を樹皮と述べているように、一六・一七世紀に文書料紙として用いられた和紙は、主としてクワ科のコウゾ（楮）、ジンチョウゲ科のミツマタ（三椏）とガンピ（雁皮）を原料としていたようである。[5]各原料の特徴など詳細は、後述する。

その他、一六〇三（慶長八）年にイエズス会が刊行した『日葡辞書』にも紙に関連する項目が多数見られる。表1に示したように、紙にまつわる用語は七〇項目抽出された。[6]ここから、イエズス会宣教師たちが、日本語理解に努める中で、紙に関連する言葉にも関心を持ち、積極的に情報収集をしていたことがうかがえるものもある。そしてこの辞書からは、当時の日本人が実際に用いていた紙の種類や名称が明らかとなる。また、当然これらの言葉は、当時の日本人の間では広く定着したものであったと考えられるので、『日葡辞書』に掲載された紙は、当時の日本人に広く認識され一般に流通していたもののはずである。

さて、『日葡辞書』に見られる紙種名のうち、厚様、檀紙、引合、雁皮、間似合、美濃紙、杉原、高檀紙（大高檀紙か）、鳥ノ子、薄様は、日本の記録にも見られる名称である。

このうち、檀紙、引合、美濃紙、杉原、高檀紙はコウゾを原料とする紙の名称である。檀紙とは、厚手の上質な白色の料紙で、院政期以降鎌倉時代の朝廷・公家社会の文書に利用され、鎌倉幕府でも下文、御教書に用いられ、室町前期までは武家公文書の主流であったとされる。(7) 高檀紙は、檀紙の上級紙の意味をもち、大高檀紙と同義である。(8) 中世後期からは厚手で皺のあるものを指したようである。引合は、檀紙系の料紙である。美濃紙とは、本来は美濃国産の紙を指し、中世後期には京都で

2　原題は *Tratado em que se contem muito susintae abreviadamente algumas contradições e diferenças de custumes antre a gente de Europa e esta provincia de Japão.* 訳注本は、岡田章雄訳注『ヨーロッパ文化と日本文化』岩波書店、一九九一年。以下、『ヨーロッパ文化と日本文化』。

3　『ヨーロッパ文化と日本文化』一四一頁。

4　『ヨーロッパ文化と日本文化』一四二、一四四頁。

5　湯山賢一「我が国に於ける料紙の歴史について」湯山賢一編『古文書料紙論叢』勉誠出版、二〇一七年、九頁。以下、湯山二〇一七。紙種の定義については諸説あるが、本稿では、ひとまず最新の成果であると考えられる湯山氏の見解に従った。以下、同様。

6　底本には、土居忠夫・森田武・長男実編訳『邦訳 日葡辞書』岩波書店、一九八〇年を用いた。なお表1は、筆者の判断で修正を加えた部分がある。

7　湯山二〇一七、一一―一二頁。

8　湯山二〇一七、一二頁。

見出し語	日本語翻字	『日葡辞書』内での説明
Gofei	御幣	紙を切って一本の細い棒につり下げたもので，ゼンチヨ（gentios 異教徒）が神の前での儀式に用いるもの．
Itagami	板紙	魚や肉を切り分ける人が，刃物をふくのに使う紙の一種．
Mani ai	間合[間似合]	屛風（Biŏbus）用の鳥の子（Torinoco）紙．
Migueôxo / Miguiôxo	御教書	公方様（Cubôsama）の書状，あるいは，許可状．また，公方様が字を書く薄手の紙の一種．
Minogami	美濃紙	美濃（Mino）の国産の紙．
Nacauori	中折	この名で呼ばれる紙．
Nacayui	中結	一般大衆が Nacaiy（中結ひ）と呼んでいる，ある種の薄い紙．
Nunome	布目	紙の一種．
Nunozuqi	布漉	紙の一種．
Quaixi	懐紙	連歌と呼ばれる或る種の歌を作るために催す集会で，その歌を書きつける紙．
Quŏxi	黄紙	黄色な紙．文書語．
Reôxi	料紙	紙．
Suguigafara / suibara	杉原	日本の書状を書く紙の一種．
Suibara	杉原	Suguifara（杉原）と言う方がまさる．この名で呼ばれる紙で，日本の書状を書くもの．
Tacadanji / danji	高檀紙 / 檀紙	高檀紙．または，檀紙．ある種の上等の紙で，また，Danjŏ（壇上）とも呼ばれる．
Taqetaca	丈高	紙の一種類．
Tatŏgami	畳紙	金箔のついた紙や絵のついた紙を折り畳んだもので，婦人が化粧品やその他種々の物を挿むもの． また，懐に入れて携える，折り畳んだ紙．
Tengujo	てんぐじょ	紙の一種で，赤い色のもの．
Torinoco	鳥ノ子	このように呼ばれる紙．
Vchigumori	内曇	波状の紋様をつけた鳥の子（Torinoco）紙，または，種々の色で碧玉模様をつけたような紙．
Vsugami	薄紙	薄い紙．
Vsuyŏ	薄様	非常に薄い鳥の子（Torinoco）紙．
Vuabari	上張	屛風や紙製の戸［ふすま］などの上に張る紙．
Vuazzutçumi	上包・表裹	物を包装したり，荷造りしたりするのに，上にかぶせるもの．主として書状の上にかけて包む紙の意に用いられる．
Xibucami	渋紙	上述の汁［青柿の汁］でくっつけた厚紙で，荷物の包装などに使うもの．
Xichŏ	紙帳	［防寒用として］冬その中に入って寝る，紙製の四角な蚊帳．
Xifit	紙筆	紙とペン［筆］と．文書語．
Xigŏ	紙毫	紙とペン［筆］と．文書語．
Ximen	紙面	紙の表面．
Xiqixi	色紙	さまざまな色で彩色した四角な紙．
Xisocu	紙燭	油をつけた紙撚りで 火をともすためのもの．
Xujenji	修善寺	赤色の紙の一種．
Zaxxi / zaxi	雑紙	鼻をかんだりその他の用に使う下等の紙．

表1 『日葡辞書』用語リスト

見出し語	日本語翻字	『日葡辞書』内での説明
Aburagami	油紙	油を塗った紙，または，それで作った厚紙で，雨よけや防水の用に使うもの．
Amadorinoco	あま鳥の子	白くて薄い紙の一種．
Amagami	雨紙	雨を防ぐのに使う油紙．
Atçugami	厚紙	厚い紙の一種．
Atçuyo	厚様	厚い鳥の子（Torinoco）紙．
Bexxi	別紙	別の紙．すなわち，別書．または，別の文．ほかの書状．また，他の文書，または，他の論述．
Biqin	鼻巾	ある地方で使われる語．Fanagami．（鼻紙）鼻をかむ紙．
Cami	紙	紙．例，Camiuo suqu．（紙を漉く）紙を作る．
Camibusuma	紙衾	紙製のクッション（原文では feltro）状の敷蒲団．
Camico	紙子	紙製の着物．
Camifagi	紙矧（かみはぎ）	矢の筈（原文では mauça）の近くを糸で巻き締めてあるもの．
Camiguinu	紙衣	紙製の着物．
Camiya	紙屋	紙を売る家．
Camiyori	紙撚・紙縷	紐の代わりに物を括るのに使う，紙を撚ったもの．Cǒyori（紙撚）という言い方がまさる．
Caracami	唐紙	ダマスク織［綾織］のような色や文様のついた紙．
Chabucuro	茶袋	碾いて粉にする前の茶を入れる小さな紙袋．
Chirigami	塵紙	非常に下等な或る紙．
Conxi	紺紙	藍で黒う染めた紙．黒ずんだ藍色［紺色］に染めた紙．
Cǒyori / Camiyori	紙縒	紙を縒って糸や紐のようにしたもの．
Côxi	厚紙	厚い紙．このように呼ばれる紙．
Coxi	古紙	古い紙．
Danji	檀紙	日本紙の一種．
Danjǒ	壇上	紙の一種類．→Danji
Danxi	檀紙	紙の一種．→Danji
Facuxi	白紙	白い紙．
Facuxi	薄紙	薄い紙．
Fanagami	鼻紙	鼻をかむ時などに使う紙．
Fangiǒ	半丁・半帳	すなわち，一丁の半分．染料の塊の半分，紙などの一葉の半分．
Feôxi / fiôxi	表紙	シナや日本の書物に作りつける外装，すなわち，紙の表紙．
Fibucuro	火袋	提灯に用いる紙製の覆い，または，ランプの上にかぶせる紙の覆い．
Fiôxi / feôxi	表紙	上に覆いかぶせて日本の書物を綴じ合わせる，紙などの外装．
Fiqiauaxe	引合	紙の一種．
Fixxi	筆紙	ペン［筆］と紙と．
Fôgu	反古	書きよごした紙，または，もう役に立たない紙，または，書き直したり書きよごしたりした習字手本．
Fongo	反古	Fôgu（反古）の条を見よ．それというのは，このように［Fongo と］書かれるけれども，Fôgu（ほうぐ）と発音されるからである． 書きよごした紙などの意．
Fu	符	呪術者が薬として飲むようにと与える，文字の書いてある一枚の紙．
Ganpi	雁皮	鳥の子の類．鳥の子（Torinoco）紙の一種．

盛んに流通した。[9] 杉原は、填料[10]に米粉[11]を加えることが特徴で、中世には寺院の経典や文書料紙、武家の文書料紙に利用されたといわれる。[12]

残りの厚様、雁皮、間似合、鳥ノ子、薄様はガンピを原料とする紙の名称である。厚様と薄様は、それぞれ厚手のもの、薄手のものを指す。雁皮は、原料名そのままの名称であるが、古くは正倉院文書に名称がみられ、文書料紙や経典料紙に用いられてきた。[13] 間似合は、半間（三尺）の大きさに合う紙として、襖や障子に貼る紙の名称で知られている。填料には米粉や白土（白色の泥土）を加える。[14] 鳥ノ子は、鎌倉時代後期からの雁皮紙の名称であり、近世の『和漢三才図会』にあるように、鶏の卵の色合いに由来するとされている。室町後期には、将軍御内書など幕府中枢の文書に用いられ、次第に戦国大名にも用いられるようになった。[15]『日葡辞書』では、雁皮を「鳥の子紙の一種」とし、薄様・厚様についてもそれぞれ「非常に薄い鳥の子紙」、「厚い鳥の子紙」と解説しており、宣教師たちはガンピ原料の紙を主として「鳥の子」という名称で認識していたと考えられる（表1参照）。

なお『日葡辞書』には、ミツマタを原料とする三椏紙の項目は見られないが、三椏紙の使用は天平時代からあったことが確認されており、宣教師たちが日本で活動していた一五九八（慶長三）年三月四日付の徳川家康黒印状（三須家文書）には、三椏紙が用いられていることが知られている。[16]

（二）入手した紙、用いた紙に関する記録

では、実際に宣教師が入手し、用いていた紙については、どのように記録されているのだろうか。

その最初期の例として、一五五四（天文二三）年四月付、ゴア発信の「一五五四年、日本へ発送分の物資一覧」があげられる。この一覧では、日本で宣教活動をするイエズス会員たちが必要としている衣類や書籍、その他雑貨等が列挙されており、そのうち書籍の項目の中に三連分の紙（tres resmas de papel）と二束のペン（dous molhos de penas）[17]」とある。「連（resma）」は、約五〇〇枚を一連

9　湯山二〇一七、一四頁。

10　塡料とは、紙を漉く際に、紙料液に配合するものを指す。その目的は主として紙を白くして不透明度を高めることにある。大川昭典「文書料紙の繊維素性及び塡料の観察」湯山賢一編『古文書料紙論叢』勉誠出版、二〇一七年、七五六頁。以下、大川「繊維素性」。

11　米粉とは、大川昭典の言葉を借りれば「米を乾燥した状態ですり潰したものではなく、米を一晩水に浸し柔らかくなったものを石臼などですり潰し、更に布袋などで濾したもの」を言う。大川「繊維素性」、七五六頁。また、米粉を添加することで、紙の不透明度が高まり薄い紙でも透けなくなる効果がある。さらに、原料繊維間の空間を埋めるため、紙面の平滑度が増し、墨の滲みが少なくて墨の乗りが良くなるという効果もある。大川「繊維素性」、七六〇頁、高島晶彦「中世古文書料紙の研究と保存について」『興風』二九号、二〇一七年、三〇頁。以下、高島二〇一七。

12　湯山二〇一七、一三—一四頁。

13　湯山二〇一七、一四—一五頁。

14　湯山二〇一七、一五頁。

15　湯山二〇一七、一五頁。

16　湯山二〇一七、一六頁。

17　*Japonica Sinica* 4, f.41v.　以下、*Jap.Sin.*
Juan Ruiz-de-Medina, ed. *Documentos del Japón : 1547-1557*, Roma: Instituto Histórico de la Compañía de Jesús,

として数える紙の単位のことである。ここから、宣教活動を開始して間もない宣教師たちが、紙の供給を日本国外に求めていたことがうかがえる。

宣教師たちが紙を必要としていたことを裏付ける記録は、宣教師たちの個人書簡の中にも散見される。例えば、一五五九（永禄二）年一一月二〇日付、府内発信のルイス・デ・アルメイダ（Luís de Almeida）書簡では、ある事柄の詳細を報告するためには一束（una mano de papel escrita, mano＝二五折丁）では書ききれないと記されている。[18] また、一五六二（永禄五）年一二月二九日付、マカオ発信、ファアン・バウティスタ（Juan Bautista）書簡には、これまでの出来事の報告には一連の紙（una risma de carta）が必要となるとある。[19]

以上の記録に見られる紙は洋紙であるが、一方で、宣教師が和紙を入手したことがうかがえる記録もある。

一五六二年一〇月二五日付、横瀬浦発信、ヨーロッパの会員宛、ルイス・デ・アルメイダ書簡には、「これらの信徒たち（鹿児島の信徒）が、旅路につくために私にくれた贈り物は、この土地の貨幣や米、酒、鹿やイノシシなどの野獣の肉、紙である」[20]とある。具体的な紙の種類は明らかではないが、鹿児島の信徒が贈った紙であることから、当然和紙であろう。

フロイスの『日本史』には、織田信長が宣教師に紙を贈ったことが述べられている。一五七一（元亀二）年末から一五七二（元亀三）年にかけての冬の間に、美濃にいる信長をフランシスコ・カブラル（Francisco Cabral）が訪問した際に、信長が「館の奥から、八〇連（oitenta resmas de papel）を持ってこさせ、主だった貴人たちにそれらを館の出入り口まで運び、司祭らに同伴した者たちに手渡すように命じ、紙は、宗教者に与えるのに相応しいと言った」[21]とある。上述のように約五〇〇枚で一連だとすれば、信長は四万枚という相当な枚数の紙を贈呈したことになる。また信長は、本当は絹衣を贈りたかったと述べたようで、絹衣に劣らない価値・量の紙を贈ることにしたと推察される。なお、ここでも具体的な紙種名は記されていないが、贈呈された時からしばらくの間は、宣教師たちがこの紙を用いて書簡をしたためた可能性がある。

さて、宣教師たちにとって和紙は、書簡など筆記する以外にも、日本で活動を行う上で必要な用途があった。それは贈答品としての用途である。

巡察師として来日したアレッサンドロ・ヴァリニャーノ（Alessandro Valignano）は、一五八一（天正九）年に豊後で、日本において理解し順応すべき習慣に関する指針『日本の習俗と気質に関する注意と助言』[22]（以下、『注意と助言』）を作成した。その第六章「使者、あるいはその他に敬意を払うべき人物をもてなす際に行うべき方法と行わなくてはならない宴と贈答品について」の中で、正月

1990, p. 485.　以下、*DJ I*.

18　Juan Ruiz-de-Medina, ed., *Documentos del Japón : 1558-1562*, Roma: Instituto Histórico de la Compañía de Jesús, 1995, p. 239.　以下、*DJ II*.

19　*Jap.Sin.*4, f.311v. *DJ II*, p. 635.

20　*Jap.Sin.*4, f. 274. *DJ II*, pp. 556-557.

21　Luís Fróis, José Wicki, ed. *Historia de Japam*, II, Lisboa: Biblioteca Nacional, 1981, p. 362.　以下、*Historia de Japam*.　松田毅一・川崎桃太訳『フロイス 日本史』四巻、中央公論社、一九七八年、二八二頁。以下、『日本史』。

22　原題は *Advertimentos e avisos acerca dos costumes e catangues de Jappão*.

に紙を贈答する習慣について触れられている。

そこには「正月には、領主に対して、金塗りの扇を添えて一〇帖の杉原紙（dez mãos de suibara）を献上する礼（o rei）を行なわなくてはならない。しかし、領主が国主であれば、中結（nacaii）と呼ばれる良質の紙を一〇帖と金塗りしていない扇を献上するので十分である」[23]とある。ここにある杉原紙一〇帖すなわち一束と扇一本は、「一束一本」と言い、武家社会においては、一束一本を礼物とする習慣があった。また中でも滝込杉原という杉原紙の一種で最高級のものが献上紙として用いられたようである。[24]

実際に、ガスパル・ヴィレラ（Gaspar Vilela）が正月に将軍を訪問した際に、紙と塗金した扇子を献上したことが記録されており、宣教師らが日本の習慣に順応する中で、書写以外の用途としても和紙を必要としていたことがうかがえる。[25]ここでは、具体的な紙種名は記されてはいないが、ヴァリニャーノが指針を示したように杉原紙を献上したと考えられる。

さらに『注意と助言』では、贈答品には二枚重ねた杉原紙に包んで、個別に台に載せるという習慣にも言及されており、[26]何かを贈答する際の包み紙としても、和紙が必要であったことが分かる。

このように、宣教師たちは、日本の習慣に順応して宣教活動を展開していく上で、和紙が重要な役割を果たしていることを認識しており、この点からも、宣教師たちにとって和紙の調達は随時必要であったことが分かる。

さらに、宣教師たちが用いていた紙種の具体名が分かる記録として、一五九二（文禄元）年に管区長ペドロ・ゴメス（Pedro Gomes）に宛ててヴァリニャーノが作成した『日本管区規則』のうち、「日本のプロクラドールの規則」があげられる。そのうち第二七項に、「各地にいるイエズス会員が自分で調達できないような御器（goquis）、食台（meszas）、「鳥ノ子紙」（papel torinoco）、杉原紙（papel suibara）等を上地区（Cami）やその他の地方で調達すること」[27]とある。ここから、宣教師たちが、「鳥ノ子紙」と杉原紙を必需品として調達していたことが分かる。また、この規則が豊臣秀吉による伴天連追放令以降に作成されていることを併せて考えると、宣教師たちの活動に制限が出ていた中でも、都地方を中心に和紙の調達に努めていたことは興味深い。

また、一六一六年の『在マカオ日本イエズス会財産目録』には、「鳥ノ子紙（Papel de Torinoco）三六〇〇枚程度、間合紙（Papel de Maniai）一五〇〇枚程度、ポルトガルの紙（Papel de Portugal）五〇〇枚綴が一四しめ」[28]とあり、マカオに移動した後も、宣教師たちは和紙を「財産」として重宝

23　Alessandro Valignano, a cura di Josef Franz Shütte, *Il Cerimoniale per i Missionari del Giappone*, Roma: Edizioni di Storia e Letteratura, 2011, pp. 266-267. 以下、*Il Cerimoniale*. A・ヴァリニャーノ著、矢沢利彦・筒井砂訳『日本イエズス会士礼法指針』（キリシタン文化研究シリーズ五）、キリシタン文化研究会、一九七〇年、一〇八—一〇九頁。以下、『礼法指針』。
24　久米康生『和紙文化研究事典』法政大学出版局、二〇一二年、七三、一六八頁。
25　*Historia de Japam*, II, p. 14. 『日本史』三巻、二二九頁。
26　*Il Cerimoniale*, pp. 264-267. 『礼法指針』一〇八頁。
27　*Jap.Sin.2*, f.117v. 高瀬弘一郎『キリシタン時代の研究』岩波書店、一九七七年、五二三頁。
28　豊島正之「【コラム】キリシタン文献の和紙」宍倉佐俊『必携 古典籍・古文書料紙事典』八木書店、二〇一一年、三〇五頁。以下、豊島二〇一一。

していたことが分かる。

各紙種の具体的な用途については言及されていないが、杉原紙を贈答品用として用いていたことは、先に紹介した史料からも明らかであることから、「鳥ノ子紙」は主に書簡など、書くための用途の紙であったとの推論が成り立つ。

二、宣教師が実際に用いた紙の調査――文書料紙調査から見えてくること

（一）文書料紙調査の歴史

文書料紙調査の歴史は一九世紀末ヨーロッパに遡ることができ、中央アジアの遺跡発見と連動して始まった。中央アジアの探検隊がヨーロッパに多くの文物を持ち帰り、文書の解読とともに、ウィーン大学の植物学者ヴィーズナー（Julius Ritter von Wiesner）を中心に、紙・布・パピルス・獣皮紙などの書写材料そのものに対する化学分析を開始した。ヴィーズナーは、アラブ・中央アジアなどの紙について化学試験と顕微鏡観察による繊維鑑定・分析を行なった。ただし、これらの分析は、原文書から繊維片を抽出して行う破壊的方法であった。

ヨーロッパで始まった料紙調査の手法を日本に紹介したのは、京都帝国大学文学部で東洋史学の教鞭をとっていた桑原隲蔵（じつぞう）である。桑原は、中国の書写材料の変遷や紙の伝播について、ヨーロッパでの研究成果を参照し、その中でヴィーズナーの料紙調査・分析についても紹介した。[29] その後、東京帝国大学史料編纂所の黒板勝美が、日本古文書学における様式論の構築にあたり、こうした料紙観察

の重要性を説いていた。

戦後、一九六〇―六二（昭和三五―三七）年に行われた正倉院文書の調査では、大沢忍らによる自然科学的アプローチが実践されるようになる。大沢は、肉眼的観察（大きさ・厚さ・光沢・色調など）、透過光による観察（繊維の分散状況、粗皮片・繊維塊の混在状況など）、顕微鏡観察（紙の原料繊維の種類の判定、混合物の分析）という非破壊による紙質調査を実施した。(30)

その後、文化財修復学を専門とする増田勝彦や製紙科学の大川昭典らが、前近代の製紙技術の解明にむけた共同研究を行ない、料紙の原料繊維と抄紙技術とを対照させる研究手法を実践した。こうした増田、大川の研究手法を日本古文書学に導入・応用したのが、湯山賢一と富田正弘である。(31)湯山、富田は、前近代以前の製紙技術の歴史から説明すべく、顕微鏡による文書原本の観察と料紙の復元実験に取り組んだ。こうした非破壊調査による文書料紙の調査方法は、富田らに加えて、保立道久(32)や髙島晶彦らにより一定の水準にまで高められた。(33)調査の具体的方法は、文書の外形・表面調査

29　料紙調査の淵源と日本への紹介の歴史については、小島浩之「中国古文書料紙研究への視角」湯山賢一編『古文書料紙論叢』勉誠出版、二〇一七年、六四九―六五二頁に詳しい。以下、小島二〇一七。
30　大沢忍「顕微鏡による紙の表面の観察法補遺」『神戸女子大学紀要』No. 1、一九七〇年、八一―八四頁。
31　湯山・富田による研究として、現段階での最新の成果をまとめたものに、湯山賢一編『古文書料紙論叢』勉誠出版、二〇一七年がある。
32　保立道久・髙島晶彦ほか「編纂と文化財科学――大徳寺文書を中心に」『東京大学史料編纂所紀要』第二三号、二〇一三年、一〇七―一四八頁。
33　小島二〇一七、六四八頁。

による製紙工程に関わる痕跡の観察、文書の大きさなどの形状測定を行った上で、文書の原料繊維などの顕微鏡観察・測定のデータを加味して、客観的・定量的に分析するもので、そこから料紙の原料と製紙方法を推測していくものである。[34]この研究手法を通じて、料紙調査・分析による「総合的な古文書研究、歴史学研究、さらには資料保存へと向かう段階に至った」[35]。こうして築き上げられた古文書料紙の非破壊による調査を[36]、キリシタン関係史料にも応用して、キリシタン史研究の可能性を探るのが筆者の今回の試みである。

(二) 調査の方法

本節では、料紙調査の三つの手法の具体的方法を紹介する。

①外形・表面観察では、紙を漉く工程に関する痕跡（簀目、糸目、紗目）の観察と、紙を乾燥させる工程に関する痕跡（板目、刷毛目）の観察を行う。

紙を漉くためには、漉槽（すきふね）の中から紙料液をすくいあげるが、その際に必要な用具が漉桁（すきげた）である。漉桁には漉簀（すきす）が取り付けられ、漉簀は汲み上げた紙料液の水を、簀と簀の隙間を通して漏れ落とさせ、それによって原料の繊維が簀の上に残り紙層が形成される。この簀の隙間の跡を「簀目」という。洋紙ではLaid-lineに相当する。この簀目の一寸（約三センチ）あたりの本数を数えることで、料紙の原料特定などの手がかりが得られる。また簀目の精粗は料紙の厚薄にも関係する。「糸目」とは、漉簀の簀（萱簀（かやす）や竹簀（たけす））を編んだ糸の跡を指す。洋紙ではChain-lineに相当する。調査では、この編糸と編糸の間隔を計測する。「紗目」とは、簀に敷かれた漉紗（すきしゃ）の跡を指す。漉紗は、雁皮紙など原料繊維が細かいものに使用し、簀目や糸目跡を目立たなくするためにも用いられた。

漉きあがった紙は水分を十分に抜いた後、日本では木の板に貼り付けて乾燥させる。その際板に接した紙の表面には、板の木目跡が残る場合がある。これを「板目」という。なお、中国などの東アジアや東南アジアでは土壁に貼り付け、ヨーロッパでは吊り下げて乾燥させる。そのため板目は、和紙特有の痕跡であり、和紙と判定する際の重要な手がかりの一つとなる。

また、板に紙を貼りつける際には、紙の上から刷毛（はけ）でなじませる。その刷毛の跡を「刷毛目」という。ただし、薄い紙などには柔らかい刷毛を用いるため、刷毛跡が残らない場合もある。なお、紙を板に貼り付ける際、通常は、漉簀（漉紗）に接した側が板に直に接するように貼り付ける。そのため、「簀目」・「紗目」は「板目」と同じ面に残り、「刷毛目」はその反対側に残ることになる。このように料紙調査において、文書料紙の「簀目」（「紗目」）に面する側（簀肌面）と「板目」・「刷毛目」が残る面との関係を把握することは、当時の製紙工程の解明や産地の特定などに結びつく可能性があ

34　本多俊彦「文書料紙調査の観点と方法」『東アジア古文書学の構築――現状と課題』東京大学経済学部資料室、二〇一八年、二五頁。以下、本多二〇一八。

35　天野真志・冨善一敏・小島浩之「近世商家文書の料紙分析試論――武蔵国江戸日本橋白木屋大村家文書を例として」『東京大学経済学部資料室年報』第七号、二〇一七年、八頁。

36　この他、文書の繊維調査・鑑定に関しては宍倉佐俊の一連の業績があり、料紙調査に関するものとして、宍倉佐俊編『必携 古典籍古文書料紙事典』八木書店、二〇一一年がある。

る。これについては、本稿の三で再度触れる。

②形状測定では、紙の法量（縦横寸法）、厚さ、重さを計測する。これらのデータにより、紙の坪量（容積［g/m²］）や密度（g/m³）を把握することができる。特に密度は原料や製造工程における技術と相関関係がある。たとえば細かい繊維や、切断された短い繊維を使ったり、乾燥後に叩いたり（打紙（うちがみ））磨いたりすると紙の密度は上がる。このように密度は料紙の特定に必要なデータとなる。

③光学観察・測定・撮影では、料紙の原料の繊維の観察・判別や、料紙に添加される填料（米粉、白土など）・非繊維物質・異物の有無を確認する。填料の有無などは、紙種を特定する重要な手がかりとなる。

ここで、一六・一七世紀の文書料紙の主な原料であるコウゾ、ミツマタ、ガンピの繊維の特徴(37)について述べておく。

コウゾ繊維は、横断面が楕円形で、顕微鏡で観察すると立体的に見えるのが特徴である。繊維の長さは六―二一ミリで、細胞壁が厚く、輪郭線が明瞭である。また繊維間の隙間が大きく見える（写真1）(38)。

ミツマタ繊維は、繊維の中央部分が特に幅広で、先端に向かって狭くなっているのが特徴である。繊維の長さは三―五ミリで、繊維の折り返しがない。同じジンチョウゲ科のガンピ繊維と比べて透明感がない。繊維間の隙間は、コウゾ繊維よりは密着しているが、ガンピほどではない（写真2）。

ガンピ繊維は、横断面の形状が扁平であるのが特徴である。繊維の長さは三―五ミリで、細胞壁は薄く、繊維の途中で細くなる部分や繊維の折り返しがある。繊維に透明感がある。繊維間の隙間は密着し、自然に詰まって見える。なお、雁皮紙は漉桁に漉紗を敷いて漉くのが特徴で、紙表面に紗目が観察される場合がある（写真3）。

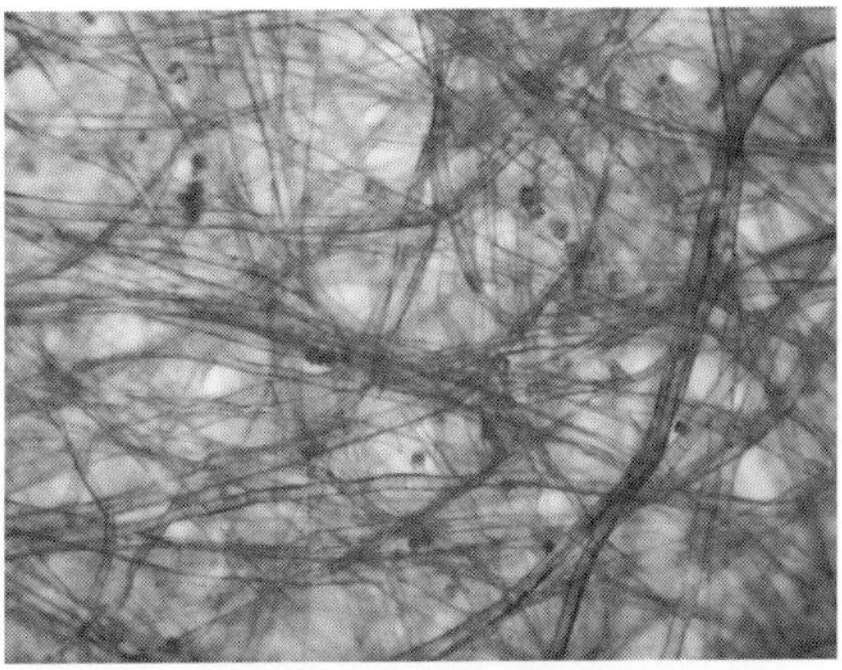

写真1　コウゾ繊維写真

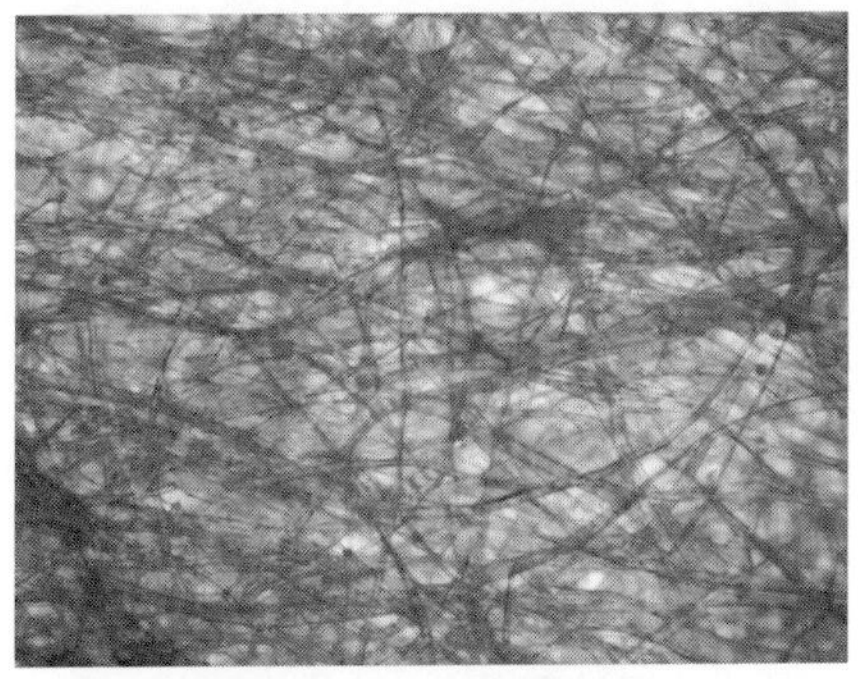

写真2　ミツマタ繊維写真

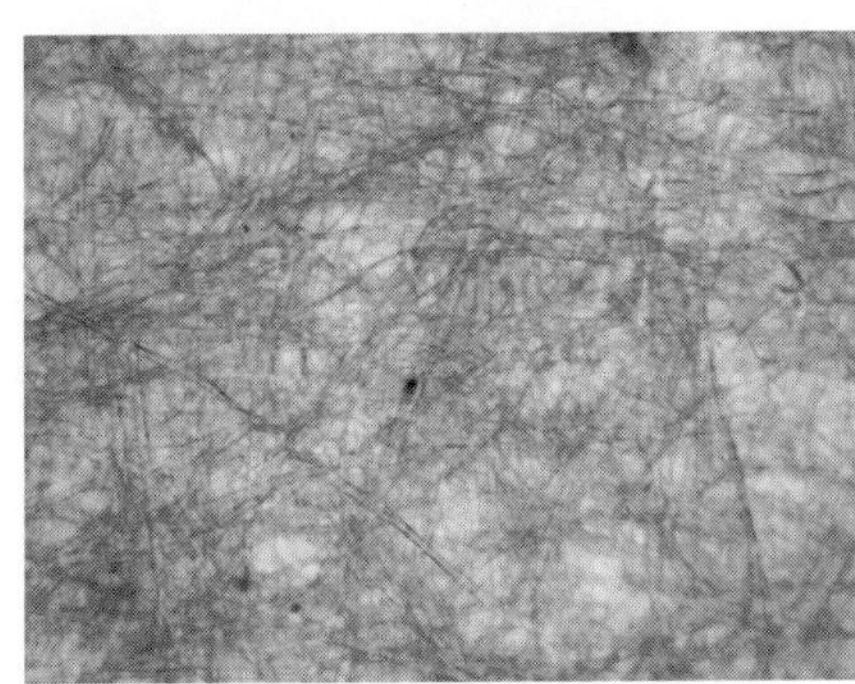

写真3　ガンピ繊維写真

37　各繊維の特徴については、大川「繊維素性」七四八―七五〇頁、高島二〇一七、二八―三〇頁を参照した。

38　写真1―写真3は、小島浩之氏（東京大学）から提供いただいた。

以上の特徴と調査対象の原料繊維とを対照させることで、繊維を判別して原料を特定していく。

次に文書料紙調査に使用する機器について、上述の調査の三手法に基づいて紹介する。[39]

①外形・表面観察：料紙の簀目・紗目・糸目の観察には、透過光としてライトパネルを使用する。板目や刷毛目といった料紙の表面上に見える痕跡の観察には、必要に応じて白色LED斜光ライトを用いる。

②形状測定：料紙の法量には、文書を傷つけない柔らかい素材の巻き尺を、厚みの測定には、シックネスゲージを使用する。対象の文書が一枚ものなど重さが測定できる場合には、重量計を用いる。

③光学観察・測定：料紙の原料の繊維判別や塡料・非繊維物質の有無の確認には、透過光としてライトパネルを使用し、顕微鏡で観察する。顕微鏡画像の撮影には、顕微鏡用のデジタルカメラを使用し、文書の表面の画像撮影には、デジタルマイクロスコープを使用する。[40]

（三）キリシタン関係史料における先行研究

キリシタン関係史料において、その料紙の紙種の判別に関する先行研究として、まず森口隆次のスンプ法によるキリシタン版の紙の観察があげられる。[41] スンプ法とは、軟化させたプラスチックを料紙の表面に押し当てて繊維の型をとり、それを顕微鏡で観察する方法である。しかし、その繊維判定には、「偶然表面に位置する繊維に左右され、又紙を広く見渡す事も困難である」[42]という問題点が指摘されている。

一九八〇年代には、松田毅一らによる京都外国語大学付属図書館所蔵の「日本関係イエズス会原文書」計四文書の紙種についての言及が見られる。(43) これらはポルトガル南部某所から出現し、その後東京で販売されていたものを、京都外国語大学が一九七五（昭和五〇）年四月に購入したものである。このうち、第一、第二、第四文書は「鳥ノ子の和紙」で、第三文書は中国紙であるとしている。しかし、第三文書の解題において、専門家による分析がないため確定はできないとあらかじめ断わっているように、少なくとも目視と手触りによる表面的な観察以上のことはなされていない。(44)

キリシタン関連史料について、実際に顕微鏡による観察と原料繊維の判別を実践したのが、豊島正之である。(45) 豊島は、東洋文庫と龍谷大学古典籍デジタルアーカイブセンターと共同で、キリシタン版について非破壊による高精度光学顕微鏡観察を行い、客観的なデータを蓄積している。現時点では、キリシタン版のうち東洋文庫本『ドチリナ・キリシタン』（一五九一年）、『聖教精華（Floscvli）』

39　機器のメーカーなど詳細については、本多二〇一八、二八―二九頁を参照のこと。
40　デジタル機器を利用した文書料紙調査の手法については、髙島晶彦「デジタル機器を利用した古文書料紙の分析」『古文書研究』第八〇号、二一―二二頁に詳しい。
41　森口隆次「スンプ法によるキリシタン版の紙質調査」『ビブリア』二三、五〇三―五一〇頁。
42　豊島正之「キリシタン版の形」『国文学論集』四七、二〇一四年、九頁。以下、豊島二〇一四。
43　松田毅一、川崎桃太、ろじゃ・めいちん『日本関係イエズス会原文書――京都外国語大学付属図書館所蔵』同朋舎、一九八七年。以下、『イエズス会原文書』。
44　『イエズス会原文書』XIV。
45　豊島二〇一四、一一―一七頁。豊島二〇一一、三〇五―三〇九頁。

（一六一〇年）および『スピリツアル修行』（国字写本）の調査結果を公表している。[46]

また豊島は、ＡＲＳＩの *Jap.Sin.* の一部について紙種の判別を行い、その結果の一部を一覧にして公表している。[47] さらに、これらの研究成果公表以前の二〇一一年の論考では、「日本イエズス会での紙の格付け」として、イエズス会宣教師たちが呼称する「鳥ノ子」は、高位の人物が送る報告書や、上長への報告に用いており、竹紙は書簡に用いるための「本来の用紙ではない」とし、彼らの間で「紙の格付け」があったという興味深い考察を行っている。[48] ただし、これらの文書群については、顕微鏡による繊維の観察は経ていないようである。調査者らによる、視覚と触覚などの感覚機能による観察結果と思われる。実際に豊島自身も「イエズス会文書についても、今後の定性分析が期待されるところである」[49]と述べている。

豊島は、「紙の格付け」と表現しているが、この *Jap.Sin.* の各文書は、差出や宛先の身分などの違いだけではなく、書簡の他にも、報告書・会議議事録・規則・年報といった公的文書もあり、各文書はそれぞれに機能・用途をもっている。キリシタン版については、豊島自身が「当時の洋書一般には無い多くの用紙の選択肢があり、それを、意図的に、強い規則を持って使い分けているのが、独特である」[50]としているように、版本だけでなく文書群についても、それぞれの機能・用途を踏まえた料紙調査が必要なのである。

三、料紙調査の所見

（一）京都外国語大学付属図書館での調査

調査は、二〇一八（平成三〇）年七月三〇日と二〇一九（令和元）年六月一一日に実施した(51)。調査対象資料は次の四件である。

46　豊島二〇一四、六—七頁。
47　豊島二〇一四、三—四頁、一三—一四頁。
48　豊島二〇一一、三〇五—三〇七頁。
49　豊島二〇一一、三〇六頁。同様の言及は、豊島正之編『キリシタンと出版』八木書店、二〇一三年、九八頁の中にも見られる。
50　豊島二〇一四、三頁。使い分けの具体例は、同、五—七頁。
51　第一回目の調査参加者は、伊藤幸司（九州大学）、小野塚知二（東京大学）、川村信三（上智大学）、小島浩之（東京大学）、田口智子（東京藝術大学）、平山篤子（元・帝塚山大学）、本多俊彦（金沢学院大学）、丸橋充拓（島根大学）、森脇優紀（東京大学）である。
なお、第一回目の調査では第一文書が出陳中のため調査できなかったため、調査は二回に分けて行った。第二回目の調査は、小島、森脇が行った。

	発信日	宛先	差出	発信地
第一文書	一五八七年　八月　五日	クラウディオ・アクァヴィヴァ	ルイス・フロイス	平戸
第二文書	一五八七年一〇月　一日	ルイス・フロイス	アントニーノ・プレネスティーノ	平戸
第三文書	一六二二年　九月　六日	イエズス会日本・シナ管区巡察師ガブリエル・デ・マトス	イナシオ・ダ・クルス	マカオ
第四文書	一六二三年　六月一〇日	上長	ジョアン・マテウス	日本

各文書の形態については、第一文書は一〇紙からなり、五枚を重ねて二つ折りにした折丁を単位として折丁を構成している。第二文書は五紙からなり、五枚を重ねて二つ折りにした折丁を単位として折丁を構成している。第三文書は一紙を二つ折りにしている。第四文書は三紙からなり、三枚を重ねて二つ折りにした折丁を単位として折丁を構成している。

各文書の紙種については、松田らによる判定では、第一・第二・第四文書が鳥ノ子紙、第三文書が中国紙とされている。(52)

筆者らによる調査結果は、表2として一覧にして公開し、各文書の料紙の繊維画像（撮影倍率は一〇〇倍）も掲載しておく。各文書は、いずれも損傷が激しく、一九八〇年代前半までに修復が行われた結果、極薄の楮紙で両面から打たれ補強されている。ただし、第一文書を除いては、直径二―三センチ程度、文書の元の料紙が露出している部分があり、これは修復時に今後の観察等のために意をもって処置されたものと考えられる。第一文書は、松田が述べているように、最も損壊が激しく、こ

52　『イエズス会原文書』VI、XII、XIV、XVII。

写真４　京都外国語大学付属図書館所蔵「日本関係イエズス会原文書」第一文書繊維写真　５紙目　（透過光／100倍で撮影）

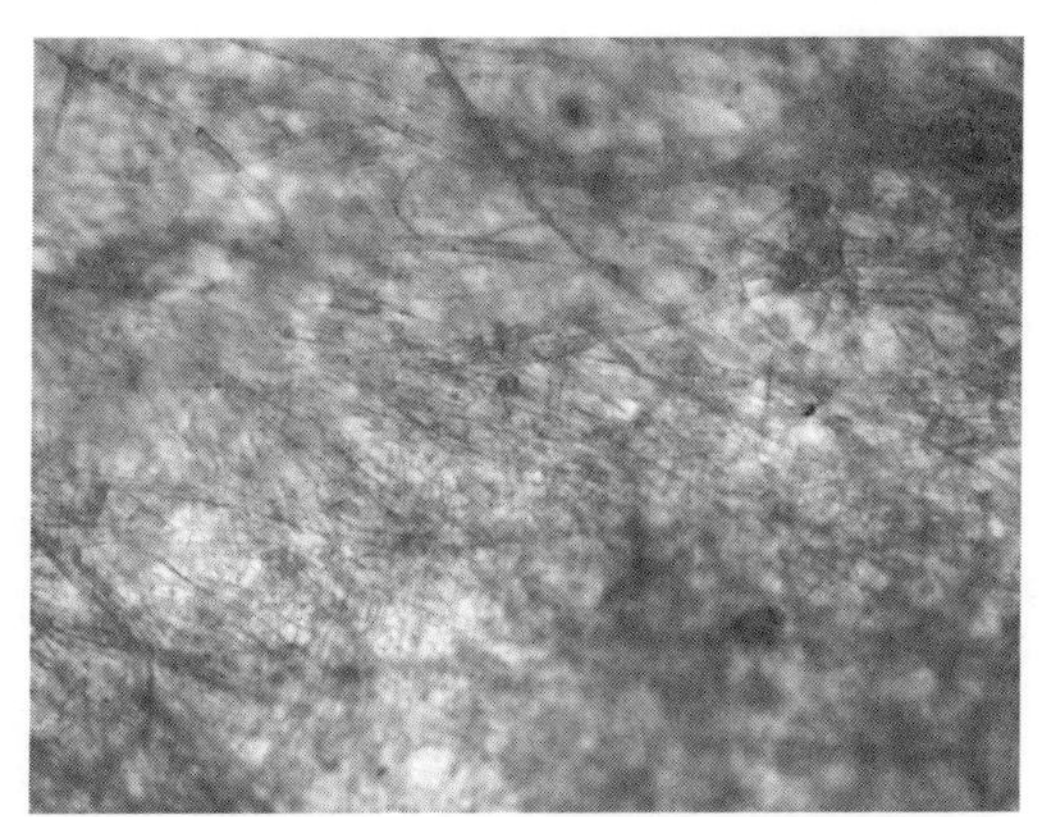

写真５　京都外国語大学付属図書館所蔵「日本関係イエズス会原文書」第二文書繊維写真　２紙目　（透過光／100倍で撮影）

註（1） 第1文書は虫損が激しく全面が別の紙で補強されており、オリジナルの紙のみの厚さの計測が不可であった。そのため、補強紙も含めた厚み（12点計測）から補強紙のみの部分の厚みを差し引いたものをオリジナルの厚みとし、その平均を参考値平均としてイタリックで表記した。

調査部分	法量（縦）mm	法量（横）mm	厚み平均 mm	紙種名	填料	異物	簀目	糸目	板目	刷毛目	紗目
1紙目	240	331-335	*0.07*[(1)]	雁皮紙	無	外皮系					
2紙目	239-240	330-334	*0.07*	雁皮紙	無	外皮系					
3紙目	239-240	329-336	*0.07*	雁皮紙	無	外皮系				有	
4紙目	239	329-334	*0.07*	雁皮紙（漉返紙か？）	無	外皮系					
5紙目	238-240	330-337	*0.07*	雁皮紙	無	外皮系					
6紙目	238	330-336	*0.06*	雁皮紙	無	外皮系					
7紙目	238	329-336	*0.06*	雁皮紙	無	外皮系			有？		
8紙目	238	328-336	*0.09*	雁皮紙	無	外皮系				有	
9紙目	239	330-334	*0.08*	雁皮紙	無	外皮系					
10紙目	238-239	330-332	*0.05*	雁皮紙	無	外皮系			有？		
1紙目	238	328-336		雁皮紙	無	外皮系			有		
2紙目	238-239	327-337	0.09-0.1	雁皮紙（漉返紙か？）	無				有		
3紙目	238-239	327-337		雁皮紙（漉返紙か？）	無				有		
4紙目	238	327-337		雁皮紙	無				有		
5紙目	238	326-336		雁皮紙	無				有		
1紙目	370	479	0.08-0.1	雁皮紙（鳥ノ子か）	無	外皮系	板目と別面	15mm	有		板目と別面
1紙目	257	369	0.07	雁皮紙	無	外皮系			有	有	
2紙目	257	365		雁皮紙	無	外皮系				有	
3紙目	256	365		雁皮紙	無	外皮系			有		

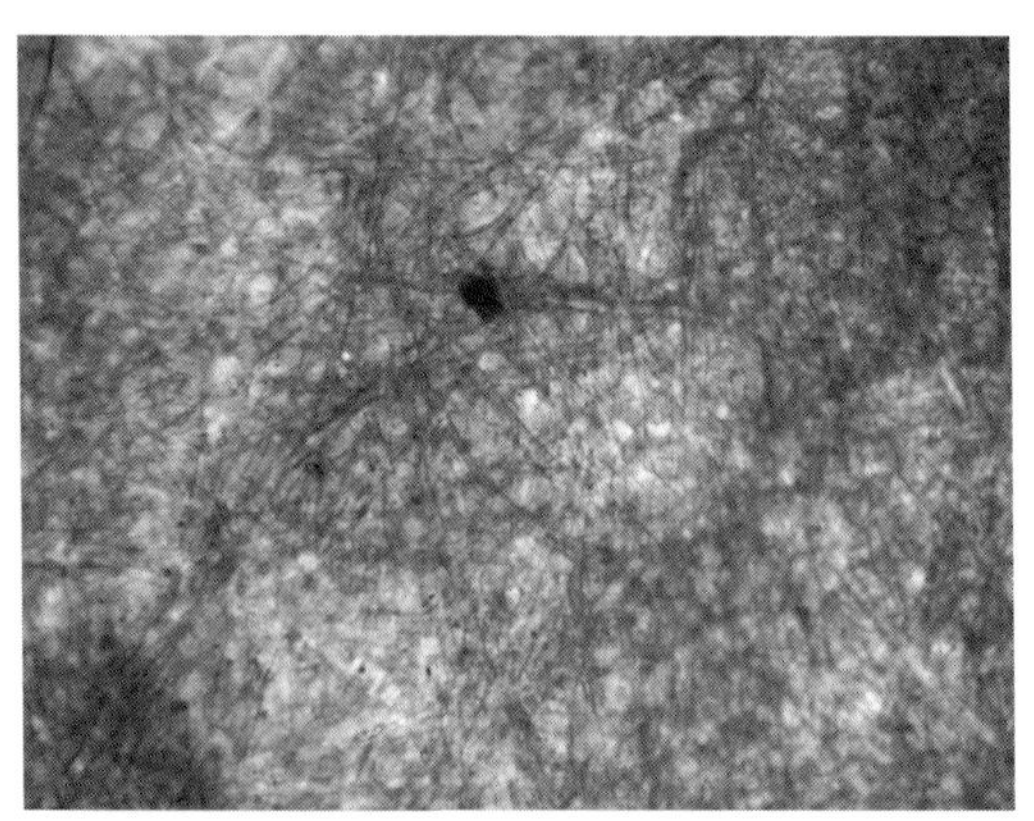

写真6　京都外国語大学付属図書館所蔵「日本関係イエズス会原文書」第三文書繊維写真　1紙目（透過光／100倍で撮影）

表2　料紙調査結果一覧
（京都外国語大学付属図書館所蔵「日本関係イエズス会原文書」）

文書名	構造	日付（西暦）	文書名	宛名	差出	発信地	言語	原文／写本
第1文書	折丁2組（1折丁5枚）	1587年8月5日	1587年度第二年報	クラウディオ・アクァヴィヴァ	ルイス・フロイス	平戸	葡	写
第2文書	折丁1組（1折丁5枚）	1587年10月1日	高山右近の追放、1587年の都地方に関する報告書	ルイス・フロイス	アントニーノ・プレネスティーノ	平戸	葡	写
第3文書	1紙2ツ折	1622年9月6日	請願書	イエズス会日本・シナ管区巡察師ガブリエル・デ・マトス	イナシオ・ダ・クルス	マカオ	葡	写
第4文書	1折丁（1折丁3枚）	1623年6月10日	若松・米沢・最上等に関する年報のための要点	上長	ジョアン・マテウス		葡	写

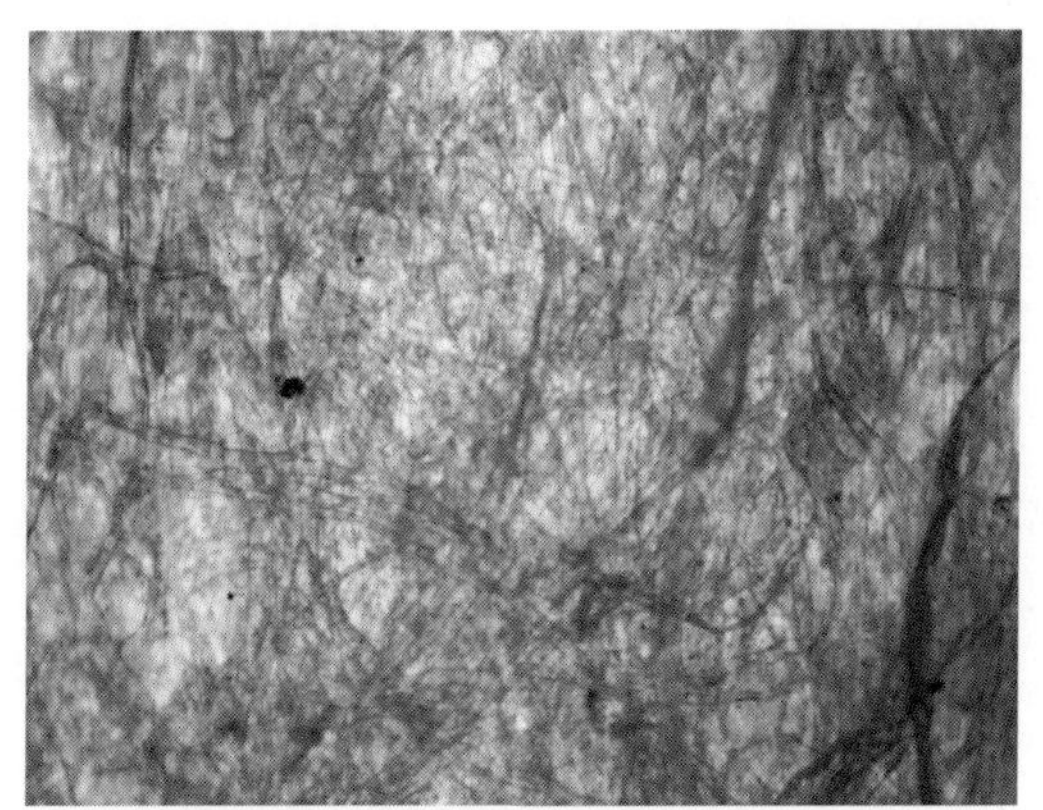

写真7　京都外国語大学付属図書館所蔵「日本関係イエズス会原文書」第四文書繊維写真　1紙目　（透過光／100倍で撮影）

うした観察箇所を設けることが困難であったものと推測される。

以上から、第二・第三・第四文書の繊維写真（写真5—写真7）は、この観察孔ともいうべき部分より撮影した。また第一文書については、補強紙のコウゾ繊維の影響をなるべく受けないように、損壊境界部分に透過光を当てて、本紙と補強紙の繊維が区別できるように撮影した（写真4）。

続いて、調査所見と考察について述べる。全文書とも、料紙原料の主要繊維は、本稿の二（二）で述べたように、その形状からガンピと判断される。

また、古紙（漉き返し）と考えられる繊維が含まれているものもあり、外皮などの異物も相当程度混入している。填料（米粉・白土）については、管見の限り観察されなかった。また、各文書には、日本産の紙にみられる痕跡である板目が確認されることから、文書の料紙は日本産の可能性が高い。

簀目や板目の見え方について、興味深い発見があった。前述の通り、一般的な和紙のあり方として、簀肌面は乾燥の際に干し板と接する面となり、簀肌面側に板目が、その裏面には刷毛目がつくとされる。しかし、第三文書については、簀肌面と板目のつく面が同一面になっていない。残念ながら刷毛目は観察できなかったが、理屈から考えれば刷毛目は簀肌面側につくはずである。つまり、第三文書の料紙は一般的な和紙と板目・刷毛目の残る面が逆転していることになる。この傾向は、以前から雁皮紙にみられる傾向ではあるものの、近年、一六〇二（慶長七）年の文書に使われている確実な「越前鳥ノ子紙」も同様であることが明らかとなった。この越前の雁皮紙は、「越前鳥ノ子紙」の名称を有している。[53] 興味深いことに第三文書の大きさ（縦三七〇ミリ×横四七九ミリ）は、一六〇二年の越前鳥ノ子紙の大きさ（縦三七一ミリ×横五三八ミリ）とほぼ一致し、填料のないことも同じである。

以上のことから、第三文書について、一九八〇年代に松田らが中国紙とした推定は修正が必要であるといえる。また、本稿の一（二）で紹介した、一六一六（元和二）年の『在マカオ日本イエズス会財産目録』内の「鳥ノ子紙」の記述と、今回の調査によって第三文書が「越前鳥ノ子紙」の特徴と一致する和紙であることが明らかになったことを併せて検討すると、日本を離れてからも、マカオでイエズス会が実際に和紙を用いていたことを物的側面からも実証できたのではないだろうか。

その他、これらの文書の形状の特徴として、各文書には、罫引きや匡郭のため小穴や、文頭にヘラなどで縦線を入れるなど、あらかじめ文字の配置すなわちレイアウトを決めて文書を作成した痕跡が観察された。また、各文書中央の折り目（折丁を作るための折り目）を基準として小穴が開けられており、これらの小穴は綴じ穴と考えられる。このことから、綴じられた時期は不明ではあるが、これらの文書がかつては綴じられて保管されていたことが推察される。こうした文書に残された物理的痕跡から、当時の文書管理の方法を探る手がかりにつながる可能性もあることを付け加えておく。

53　本多俊彦、小島浩之、冨善一敏「中・近世移行期の越前和紙に関する考察——越前国今立郡岩本村内田家文書からの分析」『東京大学経済学部資料室年報』第八号、二〇一八年、三〇—四〇頁。

（二）ローマ・イエズス会文書館での調査

当該文書館所蔵の日本関係の文書は、全部で約一万八〇〇〇葉を数える。そのため、まずはこの膨大な文書群の中からどの文書を調査すべきか、調査基準を確立する必要があった。そこで、今回の調査は試掘調査と位置付け、二〇一九（平成三一）年三月一九—二一日に実施した。[54]

調査に当たって、時期的な観点からは、一五四九年から一五七〇年代の書簡を調査対象の中心とするが、今回の調査が今後の調査のための試掘調査的な意味合いをもつため、比較検討材料として、一六一四年以降の禁教・迫害期の文書も適宜抽出し調査対象とした。また、こうした時期的な違いの他に、文書の用途・機能の違いによる比較検討材料として、会議議事録や規則、イエズス会総長の訓令といった公的文書も適宜抽出し、調査対象とした。なお、調査時間に限りがあるため、原則として日本発信で、原文・自筆とされているものを優先とした。

このように調査対象の時期を一五四九年からに設定したのは、和紙が使用された最初期の事例を物的側面から確認し、洋紙から和紙への使用の推移を検証するためである。そして一五七〇年代に着目したのは、一五七一から七二年にかけての冬に信長がイエズス会に紙を八〇連与えたとフロイスの『日本史』にあることから、この出来事が、イエズス会が日常的に和紙を用いたターニングポイントになりうると考えたためである。また、これ以降の一五七〇年代の書簡には、信長から贈呈された和紙が実際に用いられている可能性が高いからである。

また、時期的な比較検討材料として禁教・迫害期の書簡に着目したのは、この時期の文書が、宣教活動や物資調達が自由に行えた時期の文書とは紙種や品質が異なるのかを把握するためである。宣教師たちはいかなる和紙を使用できたかの情報を蓄積することで、禁教・迫害下で和紙などの物資調達が困難な中、イエズス会がいかに物資調達をし得たのかを知るための手がかりとなる可能性もあるだろう。

さらに、文書の用途・機能の違いによる比較検討材料を選定したのは、本調査が、各文書の紙種の判別だけではなく、各文書の用途・機能を把握した上で、料紙の紙種と用途・機能との関係性をとらえることで、イエズス会文書において、用途・機能による和紙の紙種の使い分けがあったのかを検証していくことも目的としているためである。このことから、イエズス会会員の個人書簡の中における宛先や差出に着目するのみならず、書簡の他に、諸規則・会議議事録・年報などイエズス会の公的文書類も調査対象史料に加えることとした。

この他、今回の調査対象時期からは外れるが、京都外国語大学付属図書館所蔵「日本関係イエズス会原文書」の第二文書に関連する文書が*Jap.Sin.*に存在するとのことから、(55) それらの文書についても今回の調査対象に追加した。

以上のことから、今回の調査では、簿冊九種から全六八文書に絞り込んだ。

54　調査参加者は、伊藤幸司、小野塚知二、川村信三、小島浩之、平山篤子、森脇優紀である。
55　『イエズス会原文書』XII–XIII。

① 宣教初期の書簡類（一五四九―六二年、一五六三―六五年 *Jap.Sin.4, Jap.Sin.5*）
② 信長から贈られた紙を使用した可能性のある文書群（一五七一―七八年 *Jap.Sin.7* II, *Jap.Sin.8* I）
③ 一六一二（慶長一七）年禁教令以降、キリシタン弾圧下の文書のうち、日本国内発信の書簡および年報（一六三〇―三二年 *Jap.Sin.62*）
④ 議事録、諸規則、訓令・年報などイエズス会の公的文書（*Jap.Sin.2, Jap.Sin.3, Jap.Sin.51*）
⑤ 京都外国語大学付属図書館所蔵の第二文書の関連文書（一五八七年 *Jap.Sin.10* II, *Jap.Sin.51*, ff.63-82v.）

各文書の作成年月日、宛先・差出、発信地などの基本情報と、和紙・洋紙の判定結果一覧は、表3として示す。また、和紙と判定された文書については、形状調査の結果、紙種名、塡料の有無、簀目・糸目・紗目・刷毛目・板目の記録を表4として示す。ただし、*Jap.Sin.2* と *Jap.Sin.3* については、調査時間の関係から、顕微鏡観察による料紙原料繊維の判別と塡料の有無、加工の有無までの確認にとどめざるをえなかったため、表4とは別に表5を作成した。なお、表3・4・5にある「調査No.」は、三つの表に共通する番号である。

文書の中には、過去の修復によって、薄い絹や薄紙を両面にあてて補強しているものがあった。[56] そのため、計測・顕微鏡観察にあたっては、補強の紙が剝離して元の紙の部分が露出していれば、史料に負担がかからない範囲でそこから計測・観察した。

全六八文書のうち、和紙は三二件、洋紙は三六件であった。洋紙は、一五七二年の一件（調査No. 60）を除き一五四九（天文一八）年から一五六五（永禄八）年までの文書（調査No. 19–37, 40–50, 53, 54, 56–58）であることから、宣教初期は文書には主として洋紙を用いていたことが分かる。なお、洋紙については、ウォーターマーク（透かし模様）の図柄についても調査した。ウォーターマークは、紙の生産地や生産者、生産時期の特定につながる重要な痕跡であるため、宣教師たちの洋紙の調達先をたどることにもつながる。また、文書の用途や宛先・差出によって、紙の生産地や生産者を使い分けていた可能性も考えられるため、和紙にとどまらず洋紙における料紙研究も十分に応用可能である。

和紙については、時期的な観点からまず所見を述べていく。上述のように、宣教初期には主として洋紙が用いられている一方で、和紙を用いているものは五件（調査No. 38, 39, 51, 52, 55）あり、そのうち最初期の事例は一五六一年の二件（調査No. 38, 39）であった。織田信長から贈られた紙を使用した可能性のある一五七〇年代の文書は、今回は六件（調査No. 61–66）の調査にとどまったが、このうち一件（調査No. 62）を除いては、雁皮紙であった。また、禁教令以降の文書三件について

56　文書館長のご厚意で、過去の修復記録を拝見することができた。修復記録によると、*Jap.Sin.*2は一九一七年一〇月―一九年九月に、*Jap.Sin.*3は一九一八年八月―一九年九月に、*Jap.Sin.*4と5は一九一三年八月―一一月に、*Jap.Sin.*7, 8および10は一九一六年五月―一八年五月に、*Jap.Sin.*62は一九一三年一一月―一四年二月に修復が施されている。ただし、各簿冊のどの部分にいかなる修復を施したのかなど修復内容の詳細については記されていない。

調査No.	Jap. Sin. 番号	Folio 番号	調査部分	和紙/洋紙	日付(西暦)	文書名	宛名	差出	発信地	言語	原文/写本	経由
24	4	ff.55-60v	f.57	洋紙	1555年9月10日	書簡	インドの会員	ドゥアルテ・ダ・シルヴァ	豊後	伊	写本 f.43-48v	
25	4	ff.61-62v	f.61	洋紙	1555年9月23日	書簡	イグナチオ・デ・ロヨラ	バルタザール・ガーゴ	平戸	葡	原文	
26	4	ff.63-64v	f.63	洋紙	1555年10月16日	書簡	メルショール・ヌネス・バレト	松浦隆信	平戸	西		
27	4	ff.65-65v	f.65	洋紙	1555年10月16日	書簡	メルショール・ヌネス・バレト	松浦隆信	平戸	葡	=ff.63-64v	
28	4	ff.66-71v	f.66	洋紙	1555年5月?日	書簡	イグナチオ・デ・ロヨラ	メルショール・ヌネス・バレト	ゴアーコチン船上	西	原文	第1経由
29	4	ff.90-94v	f.90	洋紙	1558年1月13日	書簡	イグナチオ・デ・ロヨラ	メルショール・ヌネス・バレト	コチン	伊	原文	第1経由
30	4	ff.128-135v	ff.129, 131, 133, 135	洋紙	1561年8月17日	書簡	インド管区長	ガスパル・ヴィレラ	堺	伊		第4経由
31	4	ff.148-154	ff.148, 150, 152	洋紙	1561年8月17日	書簡	インド管区長	ガスパル・ヴィレラ	堺	伊	=ff.128-135v	
32	4	ff.154-159	f.154	洋紙	1561年8月17日	書簡	インド管区長	ガスパル・ヴィレラ	堺	伊		
33	4	ff.208-219v	f.218	洋紙	1561年10月8日	書簡	アントニオ・デ・クアドロス	ファン・フェルナンデス	豊後	西	写本	第1経由
34	4	ff.220-229v	f.228	洋紙	1561年10月8日	書簡	ポルトガルのイエズス会員	ファン・フェルナンデス	豊後	伊		
35	4	ff.230-234v	f.234	洋紙	1561年10月8日	書簡	アントニオ・デ・クアドロス	コスメ・デ・トルレス	豊後	西	写本	
36	4	ff.235-238v	f.238	洋紙	1561年10月8日	書簡	アントニオ・デ・クアドロス	コスメ・デ・トルレス	豊後	伊	写本 =ff.230-234v	インドから第4経由
37	4	ff.239-244v	f.243	洋紙	1561年10月8日	書簡	アントニオ・デ・クアドロス	コスメ・デ・トルレス	豊後	伊	写本 =ff.230-234v	
38	4	ff.249-249v	f.249	和紙一紙	1561年10月8日	書簡	ディエゴ・ライネス	コスメ・デ・トルレス	豊後	西	原文	
39	4	ff.250-250v	f.250	和紙一紙	1561年10月8日	書簡	ディエゴ・ライネス	コスメ・デ・トルレス	豊後	葡	原文 =ff.249-249v	
40	4	ff.299-310v	ff.299, 303, 305, 307-309	洋紙	1562年12月10日	書簡		バルタザール・ガーゴ	ゴア	伊	=ff.290-298v	
41	4	ff.318-321v	f.319	洋紙	1562年?月?日	書簡		ガスパル・ヴィレラ	堺	伊		第3経由

表3　料紙調査対象文書一覧（*Jap.Sin.*）

調査No.	Jap. Sin. 番号	Folio番号	調査部分	和紙/洋紙	日付（西暦）	文書名	宛名	差出	発信地	言語	原文/写本	経由
1	2	ff.1-34v	f.2	和紙	1580年10月	豊後協議会議事録	クラウディオ・アクァヴィヴァ	アレッサンドロ・ヴァリニャーノ		葡	原文	第3経由
2			f.6	和紙								
3			f.17	和紙								
4			f.21	和紙								
5	2	ff.35-39v	f.35	和紙	1580年6月28日	セミナリオ規則	クラウディオ・アクァヴィヴァ	アレッサンドロ・ヴァリニャーノ		葡	原文	
6			f.37	和紙								
7	2	ff.40-69av	f.40	和紙		日本協議会議事録（1580年10月、1581年7月、1582年12月）	クラウディオ・アクァヴィヴァ	アレッサンドロ・ヴァリニャーノ		西	原文	
8	2	ff.87-148v	f.87	和紙	1592年	日本管区規則	ペドロ・ゴメス	アレッサンドロ・ヴァリニャーノ		葡羅		
9			f.89	和紙								
10			f.130	和紙								
11	3	ff.1-2	f.1	和紙	1567-82年	総長訓令の要約1	インド管区長・インド管区巡察師	フランシスコ・ボルジア クラウディオ・アクァヴィヴァ		西		
12	3	ff.2v-13	f.9	和紙	1573-87年	総長訓令の要約2	アレッサンドロ・ヴァリニャーノ	エヴェラルド・メルキュリアン クラウディオ・アクァヴィヴァ		西		
13	3	ff.13-26v	f.25	和紙	1587-1607年	総長訓令の要約	アレッサンドロ・ヴァリニャーノ	クラウディオ・アクァヴィヴァ		葡		
14	3	ff.32-47v	f.33	和紙	1603-14年	書簡の抜粋	フランチェスコ・パジオ	クラウディオ・アクァヴィヴァ		葡		
15			f.41	和紙								
16	3	ff.57-61	f.57	和紙	1592年	第1回管区会議に対するアクァヴィヴァ回答				伊		
17	3	ff.63-75v	f.73	和紙	1598年12月5日	第2回管区会議議事録				伊		
18	3	ff.76-78	f.76	和紙	1611-14年	総長が示した規則	フランチェスコ・パジオ ヴァレンティン・カルヴァリョ	クラウディオ・アクァヴィヴァ		葡		
19	4	ff.9-16v	f.9	洋紙	1549年11月5日	書簡	インドの会員	フランシスコ・ザビエル	鹿児島	西		第2経由
20	4	ff.22-25v	f.23	洋紙	1551年9月29日	書簡	バレンシアの会員	コスメ・デ・トルレス	日本	西	原文	
21	4	ff.26-33v	f.28	洋紙（漉返含?）	1551年10月20日	書簡	フランシスコ・ザビエル	フアン・フェルナンデス	山口	西		
22	4	ff.43-48v	f.43	洋紙	1555年9月10日	書簡	インドの会員	ドゥアルテ・ダ・シルヴァ	豊後	葡		第2経由
23	4	ff.49-54v	f.52	洋紙	1555年9月10日	書簡	インドの会員	ドゥアルテ・ダ・シルヴァ	豊後	西	写本 f.43-48v	

調査No.	Jap. Sin. 番号	Folio番号	調査部分	和紙／洋紙	日付（西暦）	文書名	宛名	差出	発信地	言語	原文／写本	経由
60	7-III	ff.104-105v	ff.104-105v	洋紙一紙二ツ折	1572年10月5日	書簡	アントニオ・デ・クアドロス	ルイス・デ・アルメイダ	天草	葡	写本	
61	8-I	ff.19-20v	f.19	和紙	1576年9月26日	書簡	エヴェラルド・メルクリアン	ジョヴァンニ・バッティスタ・デ・モンテ	志岐	伊	自筆	第2経由
62	8-I	ff.73-82v	f.73	和紙	1577年6月6日	書簡	エヴェラルド・メルクリアン	フランシスコ・カブラル	豊後	葡	原文	第1経由
63	8-I	ff.138-141v	f.138	和紙	1577年9月1日	書簡	エヴェラルド・メルクリアン	フランシスコ・カブラル	口之津	葡	自筆=ff.130-133v	第2経由
64	8-I	ff.176-176v	f.176	和紙	1577年9月11日	書簡	エヴェラルド・メルクリアン	ルイス・フロイス	豊後	葡		
65	8-I	ff.177-178v	f.177	和紙	1577年9月29日	書簡	エヴェラルド・メルクリアン	ニェッキ・ソルド・オルガンティーノ	都	伊	自筆	
66	8-I	ff.201-204v	f.201	和紙	1578年10月15日	書簡	エヴェラルド・メルクリアン	フランシスコ・カブラル	臼杵	葡	原文	第2経由
67	10-II	ff.278-279v	f.278	和紙一紙二ツ折	1587年10月10日	書簡	クラウディオ・アクァヴィヴァ	アントニオ・プレネスティーノ	平戸	伊		
68	10-II	ff.279a-279av	f.279a	和紙	1587年10月10日	書簡		アントニオ・プレネスティーノ	平戸	伊	自筆	
69	51	ff.63-82v	1紙目	和紙（10枚1折丁）	1587年10月8日	1587年度日本年報	クラウディオ・アクァヴィヴァ	ルイス・フロイス	平戸	西	原文一部自筆	第1経由
70	51	ff.103-139v	各折丁（4種）より1紙	和紙（4種の折丁）	1589年9月20日	1589年度日本年報	クラウディオ・アクァヴィヴァ	ルイス・フロイス ガスパル・コエリョ	加津佐	葡	原文一部自筆	
71	51	ff.140-167v	ff.140, 159	和紙	1590年8月13-25日	第2回協議会会議録		アレッサンドロ・ヴァリニャーノ		葡	原文	
72	51	ff.276-298v	ff.280-281	和紙	1592年2月3-14日	1592年日本管区会議議事録		ルイス・フロイス	長崎	伊	原文	
73	62	ff.242-254v	ff.248v-249	和紙	1630年8月5日	1629-1630年度日本年報	アンドレ・パルメイロ	ジョヴァンニ・バッティスタ・ポロ	会津	葡		第1経由
74	62	ff.257-262v	f.258	和紙	1632年8月31日	1631年9月～1632年9月の奥州地方に関する報告（書簡）	ムティオ・ヴィテレスキ		奥州	葡		
75	62	ff.264-276v	ff.269v-270	和紙	1630年8月5日	書簡	アンドレ・パルメイロ	ジョヴァンニ・バッティスタ・ポロ	会津	葡	=ff.242-254v	

表3　料紙調査対象文書一覧（*Jap.Sin.*）〔続き〕

調査No.	Jap. Sin. 番号	Folio番号	調査部分	和紙／洋紙	日付（西暦）	文書名	宛名	差出	発信地	言語	原文／写本	経由
42	4	ff.328-329v	f.329	洋紙	1562年	書簡	インド管区長	島津貴久		葡	写本	第1経由
43	4	f.330	f.330	洋紙	1562年	書簡	インド副王	島津貴久		葡	写本	
44	4	ff.331-332v	f.332	洋紙	1562年	書簡	インド管区長	島津貴久		伊	写本=ff.328-329v	第3経由
45	4	ff.333-334v	f.334	洋紙	1562年	書簡	インド管区長	島津貴久		伊	写本=ff.328-329v	
46	5	ff.20-21v	f.21	洋紙	1563年4月？日	書簡		ガスパル・ヴィレラ	都	伊		
47	5	ff.22-23v	f.23v	洋紙	1563年10月20日	書簡	ディエゴ・ライネス	コスメ・デ・トルレス	横瀬浦	西	原文	
48	5	ff.52-79v	ff.54-56, 60-62, 66-67, 69, 75-77, 79	洋紙	1563年11月12日	書簡	インドの会員	ルイス・デ・アルメイダ	横瀬浦	伊	=ff.36-51v	
49	5	ff.87-90v	ff.88-89	洋紙	1563年11月17日	書簡	インドの会員	ルイス・デ・アルメイダ	横瀬浦	葡		
50	5	ff.112-113v	f.112	洋紙	1564年9月28日	書簡	ウォルフガング・ジンガリオ	ルイス・フロイス	平戸	葡	原文	第2経由
51	5	ff.114-115v	ff.114-115v	和紙	1564年10月11日	書簡		ジョヴァンニ・バッティスタ・デ・モンテ	豊後	葡	自筆	
52	5	ff.135-135av	f.135	和紙	1564年10月25日	書簡	トメ・コレア	ルイス・フロイス	平戸	葡		第2経由
53	5	ff.161-162v	f.161	洋紙	1562年12月3日	書簡	ディエゴ・ライネス	フランシスコ・ペレス	マカオ	葡	原文	
54	5	ff.164-169v	f.164	洋紙	1564年12月3日	書簡	ルイス・ゴンサレス（在リスボン）	フランシスコ・ペレス	マカオ	葡	原文	第2経由
55	5	ff.177-178v	f.177	和紙	1564年5月24日	書簡	ローマのコレジオの食堂係のイルマン	ダミアン	都	日		
56	5	ff179a-180	ff.179a, 180	洋紙	1564年？月？日	書簡	フランシスコ・ペレス	バルタザール・ゴンサルヴェス	日本	葡		
57	5	ff.207-209v	f.208	洋紙	1565年2月10日	書簡	シナの会員	ファン・フェルナンデス	平戸	葡		第1経由
58	5	ff.214-220v	ff.217-219	洋紙	1565年3月6日	書簡	シナおよびインドのイエズス会員	ルイス・フロイス	都	伊		
59	7-III	ff.39-52v	ff.40, 41	和紙	1571年9月28日	書簡	アントニオ・デ・クアドロス	ルイス・フロイス	都	葡		

表４　和紙の文書の料紙調査結果一覧　*Jap.Sin.2, 3 を除く

調査No.	紙種名	厚み平均mm	填料	非繊維物質	繊維束	異物	簀目	糸目	板目	刷毛目	紗目	加工	補強（修復）
38	雁皮紙（内曇）	0.13											有
39	雁皮紙（内曇）	0.13											有
51	漉返紙			有	有	有							有
52	雁皮紙？		米粉										有
55	杉原紙？												有
59	雁皮紙	0.11	無						有	有	板目と別面		
61	雁皮紙		米粉										
62	三椏紙？		米粉				27 本	33mm					
63	雁皮紙？		米粉										
64	雁皮紙												
65	雁皮紙												
66	雁皮紙												
67	雁皮紙	0.05	米粉						有	有	板目と別面		周囲を補強
68	雁皮紙	0.05							有	有	板目と別面		周囲を補強
69	雁皮紙	0.07	無	有					有	有			有（一部）
70	雁皮紙		無							③有	①・②有 ③板目と別面		
71	雁皮紙（表紙は内曇）	0.07	無						有	有	有		
72	雁皮紙（ff.291-294 は三椏繊維＋雁皮繊維？）	0.07					22 本（f.291）	45mm（f.291）	有	有	有 *雁皮紙部分は板目と別面		
73	雁皮紙（会津産であればオニシバリか？）	0.1	米粉？					32mm	有	有	板目と別面	プレス？	
74	三椏紙？						28 本	36mm					有
75	雁皮紙	0.11	米粉？					30mm		有	有		

は、二件（調査No. 73, 75）が雁皮紙で、一件（調査No. 74）は三椏紙であった。

和紙全三二件の紙種の内訳は、雁皮紙が二八件、楮紙が一件、三椏紙が二件で、残り一件（調査No. 51）は漉返紙であった。

紙種ごとに各文書の宛先・差出、用途や機能を見てみると、楮紙は、日本人ダミアンが、ローマのイルマンに宛てて日本語で書いた書簡である（調査No. 55）。楮紙の使われている文書が、宛先・差出ともに司祭ではない人物であることは、今後、楮紙が使われている文書の機能や用途を考える上で、重要な意味をもってくる可能性がある。ただし、今回の調査で

楮紙は一件のみ確認されたにすぎないため、更なるデータの蓄積が必要である。

三椏紙は二件とも、イエズス会総長宛の書簡である（調査No. 62, 74）。三椏紙の存在については、宣教師の文書内に現時点では記録が確認されず、また『日葡辞書』にも三椏の項目は確認できない。そのことから、宣教師らが三椏紙を把握していなかった可能性が考えられ、これら二文書も三椏紙と理解して使用したかは疑問が残る。ミツマタはガンピと同じジンチョウゲ科であるので、当時の宣教師が両者をどの程度弁別できていたのかという問題も、今後考える必要がある。

雁皮紙は、八件が総長宛の書簡（調査No. 38, 39, 61, 63–67）、四件が総長以外を宛先とする書簡（調査No. 52, 59, 68, 75 ただし68は宛名不明）、残り一六件は会議議事録、規則、総長からの訓令、年報という公的文書であった（調査No. 1, 5, 7, 8, 11–13, 14, 16–18, 69–73）。[57] さらにこの中には、内曇（うちぐもり）と呼ばれる雁皮紙の一種が用いられていることが確認された（調査No. 8, 38, 39, 71）。内曇とは、雁皮紙に、藍や紫に染めた繊維で上下に雲形模様を入れたもので、漉き掛けという技法によって作られる。色紙、短冊、懐紙、表紙などに用いられた。なお、『日葡辞書』にもその名称が確認でき（表1参照）、宣教師たちがその存在を認識していたことが分かる。

内曇を用いた文書は、二件が公的文書（一五九〇年議事録、一五九二年の規則）の表紙に用いら

57　本文中の「（調査No.）」とは、調査した物理単位数であり、本文中の「件」とは、文書のタイトル数を指す。そのため、調査No. 1と同一文書である2-4、調査No. 5と同一文書の6、調査No. 8と同一文書の9–10、調査No. 14と同一文書の15については、本文中の「（調査No.）」内には含めなかった。

表5　*Jap.Sin.*2, 3 料紙調査結果
（顕微鏡による繊維確認のみ）

調査No.	紙種名	填料	加工
1	雁皮紙	無	打紙
2	雁皮紙	無	打紙
3	雁皮紙	無	打紙
4	雁皮紙	無	打紙
5	雁皮紙	無	打紙
6	雁皮紙	無	打紙
7	雁皮紙	白土?	打紙
8	雁皮紙（内曇）	無	
9	雁皮紙	米粉	
10	雁皮紙	米粉	
11	雁皮紙	米粉	柿渋によるコーティング?
12	雁皮紙	米粉	
13	雁皮紙	米粉	打紙 柿渋によるコーティング?（片面）
14	雁皮紙	米粉	
15	雁皮紙	米粉	打紙 柿渋によるコーティング?（片面）
16	雁皮紙	米粉	
17	雁皮紙	米粉	
18	雁皮紙	米粉	

れ（調査No. 8, 71）、残り二件が総長宛の書簡の本紙として用いられていた（調査No. 38, 39）。総長宛の書簡は二件ともに一五六一（永禄四）年のもので、和紙よりも洋紙の使用が多かった時期における最初期の事例である。また、内曇の本来の用途とは異なる書簡の本紙に用いていることも併せて考えると、和紙に関する知識がまだ浅かったため、内曇の見た目の美しさから、上位の人物である総長宛の書簡に用いた可能性がある。宣教師たちが、上位の人物に宛ててより美しい・上質な紙を用いようと意識していたならば、紙種による使い分けの事例の一つということもでき、着目すべき事例である。

また雁皮紙の文書の中には、填料として米粉を添加している文書も確認された（表4・5の「填料」の列を参照）。本稿註11にも示したように、米粉を加えることで、紙が平滑となり墨の乗りが良くなる。宣教師たちが填料の有無によるこうした書きやすさ等の質感の差異を意識していたのか、また填料の有無によって文書の時期や産地（地域）に差があったのだろうか、更なるデータの蓄積が必要である。

さらに文書の中には、京都外国語大学付属図書館所蔵の第三文書と同じく、簀肌面と板目のつく面

が同一面になっておらず、一般的な和紙のあり方とは異なるものが確認された（表4 調査No. 59, 67, 68, 70, 72, 73）。これらも、「越前鳥ノ子」呼ばれるものと一致するのか、あるいは乾燥時に偶然逆転させて板に貼り付けたのか現段階では明確な判断は難しい。今後の調査ではこの点についても留意していく必要がある。

おわりに

以上、本稿では二〇一八年から二〇一九年にかけて実施した料紙調査の結果と所見を述べてきた。しかし、これらはごく一部の結果にすぎず、イエズス会宣教師たちが実際にどのような紙を用いており、それらの紙はどのような名称で呼ばれていたのか、また文書には宛名・差出や用途・機能による紙種の使い分けがあったのかなど、料紙研究における「問い」を解明するには、十分とはならない。キリシタン関係諸史料を活用した料紙研究を成立させるためには、*Jap.Sin.* を中心とする料紙調査の継続と更なるデータの蓄積が必要不可欠なのである。これが、本稿を試論とする所以である。

こうした料紙調査の積み重ねが急務な中、ARSIにおける調査は、二〇一九年一二月から翌年六月にかけての改修工事に伴うARSIの閉館や、新型コロナウィルス感染の世界的拡大の影響によって、残念ながら二〇一九年三月以降中断している。新型コロナウィルス感染拡大の収束に至るまでの道のりは長くなりそうだが、一日も早い収束と調査再開の日が訪れる日を心から祈るばかりである。

さて、二〇一九年に開催された第七〇回キリスト教史学会大会において、「キリシタン研究の再考

——過去・現在・未来」をテーマとするシンポジウムが開催された。キリシタン研究には、問い直すべきことやなすべき課題が数多くあり、「未来」があるという。その「未来」における課題の一つとして、キリシタン研究と「史料の『モノ』としての最新鋭機器を用いた分析調査」との連携が挙げられている。(58) 筆者らが取り組む料紙調査や研究は、まさにこの「未来」にあたるのではないだろうか。キリシタン関連諸史料を古文書料紙研究に応用させるこうした取り組みは、地道な作業の積み重ねにより成り立つ研究ではあるが、キリシタン研究の「未来」につながっていくものと信じている。


【謝辞】

文書料紙調査にあたって、京都外国語大学付属図書館の藤田眞壽美氏（管理運営課・主事）、ＡＲＳＩのFr. Raúl González, S.J.（Administrative Director）の協力を得た。ここに改めて御礼申し上げる。

なお本稿は、ＪＳＰＳ科研費18H00699の助成による。

58　川村信三「キリシタン研究の再考——過去・現在・未来」『キリスト教史学』第七四集、二〇二〇年、六一頁。

あとがき

本書は、現在の「キリシタン研究」に「かつての盛況はなく、下火の印象をもつ」という言葉の真意を吟味することからスタートした。過去三〇年にわたり、研究環境が激変していることを踏まえ、一九七〇年代に象徴されるような活況を牽引していたキリシタン事績についての新発見や新史料の発掘の機会が底をついたような状況であることも指摘した。インフォメーション・テクノロジー革命は、データベースなどによる第一次史料へのアクセスを劇的に変えた。これまで、文書館などで特別に閲覧をゆるされていたごく一部の研究者の特権的な立場はもはや存在しない。いまではパソコンさえ手元にあれば、アクセスできない原史料はほとんどないといってよい。キリシタン研究が「活況を呈した頃」の史実や史料の新発見に拘泥しつづけるのであれば、前途は多難といえる。しかし、それでも意義ある研究は「下火」と表面的に見える現実のなかで、新しいステージの特徴をふまえて地道で着実な歩みをつづけている。

二〇〇〇年を前後して、キリシタン研究はブームを呼び込み、メディアで大々的に取り上げられたりするような、華々しく派手な展開を期するのではなく、むしろ、既知の史実であっても、その根拠となる史料をより綿密に研究し、「分析」と「解釈」を深化させる時期に入っている。「分析」「解釈」の機会が増えることは、それに対する「議論」が活発化する契機でもある。どれほど史料実証を貫き史料批判を徹底しても、「分析」や「解釈」においては、それが一人の研究者の手になるかぎり、当然、独自の視点や歴史観、人間観、倫理観が主観として入り込む余地がある。そして、当然ながら、複数の解釈の間には「議論」が巻き起こる。そうしたプロセスなくして学術研究の進化はありえない。そしてその展開こそ新しいステージに相応しい特徴になるべきものである。

新しいステージで生じると期待されることは、史料にもとづいた相互啓発的・発展的な議論の機会が増えることである。同じテーマ、題材にたいする複数の解釈者の間におこる活発な意見の交換と「議論」が重要となる。従来の研究動向になにか足りないことがあったとすれば、史料実証研究に従事したプロフェッショナルな研究者間の「対話」や「議論」の少なさであったようである。教会関係者、アカデミズムを代表する研究者、そしてメディアを相手とする評論家でさえ、確かな「史資料」を根拠として自説を展開しようとするものどうしであるかぎり、その「対話」や「議論」は学術全体の発展に大きく寄与する。「議論」を通じて、既知の史実を吟味し、さらに研究者間で議論の余地の互いに確認をすることでこそ、「キリシタン研究」は学術的な意味をもって継続していけるのだと思う。

本書では序論で言及した諸氏（シンポジウム登壇者）のほか、四名の研究者に執筆を依頼した。

いずれも、現在、難しいとされるキリシタン研究に一石を投じるべく地道な歩みをつづけておられる方々である。

清水有子氏は、村井早苗氏が提示した日本史との関連をさらに深め、キリシタン禁制史、すなわち江戸時代のキリシタン史についての研究展望を紹介し、今後扱われるべき諸点の具体例を示している。

狭間芳樹氏は、民衆信仰という面を強調し、「日本人はキリスト教を受容できたのか」という、日本キリスト教史の本質的議論に民衆レベルで迫ろうとしている。死生観という分野で日本の宗教観との比較論に基づいて、キリシタン信仰の民衆化は確かに認めうる現実であったとの結論が提示された。

安廷苑氏は、キリシタン史の「解釈」の部分での「議論」を展開するという形を示している。史料が乏しいにもかかわらず、世間的な人気が先行し千差万別の解釈を生む細川ガラシャほど難解な人物はキリシタン史上でも稀である。史料が少ないからこそ、その史実の解釈に慎重を期するという態度は歓迎されるべきものである。

森脇優紀氏の論稿は、まさに、新しいステージを特徴づける傾向を示唆している。それは新しい史料論と位置づけてもよいかもしれない。史料を「書かれた内容」の吟味にとどめず、書き残された形態（ここでは紙質）にまで考察を拡げることは、昨今のテクノロジーの進展が可能とした新たな分野である。光学的紙質調査の飛躍的な進歩は、まさに時宜を得たものであろう。今後の調査の蓄積によって「モノ」からどのような史実がつけ加わるか大きな期待をもってみまもりたい。

以上の四論文はそれぞれ、新しいステージで出現する研究のモデル的な方向を示したものである。

以上の考察がシンポジウムと本書を通して具体的に提示できたこと、特にその場を提供していただいたキリスト教史学会理事会の諸氏、および参会された会員の方々、そして、本書を刊行にむすびつけてくださった教文館の渡部満社長、編集実務担当の髙橋真人氏に、この場をおかりして御礼申し上げたい。

二〇二一年二月吉日

編者　川村信三

安廷苑（アン・ジョンウォン）

韓国ソウル生まれ。東京大学大学院総合文化研究科博士課程単位取得退学。博士（学術）。現在，青山学院大学経営学部准教授。

主著 『キリシタン時代の婚姻問題』（教文館，2012年），『韓国とキリスト教――いかにして“国家的宗教”になりえたか』（共著，中公新書，2012年），『細川ガラシャ――キリシタン史料から見た生涯』（中公新書，2014年），『近世印刷史とイエズス会系「絵入り本」』（共著，慶應義塾大学文学部，2014年），『キリスト教と寛容――中近世の日本とヨーロッパ』（共著，慶應義塾大学出版会，2019年）。

森脇優紀（もりわき・ゆき）

上智大学大学院文学研究科博士後期課程単位取得退学。現在，東京大学大学院経済学研究科・経済学部資料室特任助教。

主要論文 「キリスト教宣教期における﨑津のキリシタンの葬送儀礼」及び「キリスト教禁教期における﨑津のキリシタンの葬送儀礼」（『﨑津・今富集落調査報告書Ⅱ　葬送儀礼編』2017年），「カルディン著『日本殉教精華』の古書冊学的研究（1）」（『東京大学経済学部資料室年報』第8号，2017年），「外国史料にみる，日本の製紙方法：Lande 著“Art de faire le papier”の試訳」（『東アジア古文書学の構築――現状と課題』東京大学経済学部資料室，2018年）。

執筆者一覧

清水有子（しみず・ゆうこ）

東京都立大学大学院人文科学研究科博士課程単位取得退学。博士（史学）。現在，明治大学文学部准教授。

主著 『近世日本とルソン――「鎖国」形成史再考』（東京堂出版，2012年），『「近世化」論と日本――「東アジア」の捉え方をめぐって』（共著，勉誠出版，2015年），『キリシタン大名』（共著，宮帯出版社，2017年），『国書がむすぶ外交』（共著，東京大学出版会，2019年）。

大橋幸泰（おおはし・ゆきひろ）

1996年早稲田大学大学院文学研究科博士後期課程満期退学。博士（文学）。現在，早稲田大学教育・総合科学学術院教授。

主著 『キリシタン民衆史の研究』（東京堂出版，2001年），『検証　島原天草一揆』（吉川弘文館，2008年），『近世潜伏宗教論――キリシタンと隠し念仏』（校倉書房，2017年），『潜伏キリシタン――江戸時代の禁教政策と民衆』（講談社選書メチエ，2014年／講談社学術文庫，2019年）。

浅見雅一（あさみ・まさかず）

1990年慶應義塾大学大学院文学研究科修士課程修了。現在，慶應義塾大学文学部教授。

主著 『キリシタン時代の偶像崇拝』（東京大学出版会，2009年），『フランシスコ＝ザビエル――東方布教に身をささげた宣教師』（山川出版社，2011年），『韓国とキリスト教――いかにして“国家的宗教”になりえたか』（共著，中公新書，2012年），『概説キリシタン史』（慶應義塾大学出版会，2016年），『キリスト教と寛容――中近世の日本とヨーロッパ』（共編著，慶應義塾大学出版会，2019年），『キリシタン教会と本能寺の変』（角川新書，2020年）

狭間芳樹（はざま・よしき）

2000年大谷大学大学院博士後期課程満期退学。博士（文学）。現在，大谷大学特別研究員，京都女子大学非常勤講師。

主著 『キリシタンが見た真宗』（共編著，東本願寺出版部，1998年），『比較宗教学への招待』（共著，晃洋書房，2006年），『キリシタン大名　布教・政策・信仰の実相』（共著，宮帯出版社，2017年），『日本宗教史3　宗教の融合と分離・衝突』（共著，吉川弘文館，2020年），「特集 キリスト教受容のかたち――世界史のなかのかくれキリシタン」『季刊 民族学』174（共著，千里文化財団，2020年）。

執筆者一覧（掲載順）

川村信三（かわむら・しんぞう）

1999年米国ジョージタウン大学博士課程修了。博士（Ph.D., 歴史学）。現在，上智大学文学部教授。イエズス会司祭。

主著　『キリシタン信徒組織の誕生と変容』（教文館，2003年），『日本，キリスト教との邂逅』（共著，オリエンス宗教研究所，2004年），『時のしるしを読み解いて』（ドン・ボスコ社，2006年），『超領域交流史の試み』（共編著，SUP上智大学出版，2009年），『戦国宗教社会＝思想史』（知泉書館，2011年），『ヨーロッパ中近世の兄弟会』（共著，東京大学出版会，2014年），『キリシタン大名高山右近とその時代』（教文館，2016年）。

東馬場郁生（ひがしばば・いくお）

1997年バークレー神学連合大学院宗教学科博士課程修了。博士（Ph.D., 宗教学）。現在，天理大学国際学部教授，同大学院宗教文化研究科教授。

主著　*Christianity in Early Modern Japan: Kirishitan Belief and Practice* (Brill, 2001)，『きりしたん史再考――信仰受容の宗教学』（天理大学おやさと研究所グローカル新書，2006年），『きりしたん受容史――教えと信仰と実践の諸相』（教文館，2018年）。

村井早苗（むらい・さなえ）

1981年立教大学大学院文学研究科日本史専攻博士課程単位取得退学。博士（文学）。現在，日本女子大学名誉教授。

主著　『幕藩制成立とキリシタン禁制』（文献出版，1987年），『天皇とキリシタン禁制――「キリシタンの世紀」における権力闘争の構図』（雄山閣出版，2000年），『キリシタン禁制と民衆の宗教』（山川出版社，2002年），『キリシタン禁制の地域的展開』（岩田書院，2007年），『キリシタン禁制史における東国と西国――東国を中心に』（仙台・江戸学叢書46，大崎八幡宮，2013年）。

キリシタン歴史探求の現在と未来

2021年3月30日　初版発行

編　者　川村信三
監修者　キリスト教史学会
発行者　渡部　満
発行所　株式会社　教 文 館
〒104-0061　東京都中央区銀座4-5-1
電話 03(3561)5549　FAX 03(5250)5107
URL http://www.kyobunkwan.co.jp/publishing/
印刷所　株式会社　三秀舎

配給元　日キ販　〒162-0814　東京都新宿区新小川町9-1
電話 03(3260)5670　FAX 03(3260)5637

ISBN 978-4-7642-6150-1　Printed in Japan